스탠드업 나우

NEW YORK

스탠드업 나우 뉴욕
당신이 기다려 온 진짜 코미디

2018년 5월 18일 초판 1쇄 인쇄
2018년 5월 25일 초판 1쇄 발행

지은이 | 최정윤
교열 | 양양
디자인 | 기민주

펴낸곳 | 왓어북
펴낸이 | 안유정

등록번호 | 제2018-000020호
주소 | 서울시 서대문구 연희로 44-31
이메일 | wataboog@gmail.com
팩스 | 02-6280-2932

ISBN | 979-11-9634-161-9 03680

이 도서의 국립중앙도서관 출판예정도서목록(CIP)은 서지정보유통지원시스템 홈페이지(http://seoji.nl.go.kr)와 국가자료공동목록시스템(http://www.nl.go.kr/kolisnet)에서 이용하실 수 있습니다.(CIP제어번호: CIP2018014515)

스탠드업 나우
NEW YORK

당신이 기다려 온
진짜 코미디

최정윤 지음

왓어북

차례

내 인생이 웃기지 않다면 그게 사실이 될 테지. 그건 절대 받아들일 수 없어.

If my life wasn't funny, it would just be true, and that is completely unacceptable.

— 캐리 피셔Carrie Fisher

2005년 여름을 떠올려봅니다. 바깥은 눈부시게 환한데, 저는 방구석에 웅크리고 노트에 뭔가를 쉴 새 없이 끄적이고 있었지요. 직접 겪은 우스운 일화나 인생의 부조리에 대한 짧은 농담을 쓰고 있었습니다. 사람들에게 들려주는 상상을 하면서요.

당시 미국에서 대학을 다니던 저는 한국계 미국인 스탠드업 코미디언 마거릿 초Margaret Cho에 푹 빠져 있었습니다. 우연히 그녀의 미국 투어 공연 영상을 봤는데, 혼자 무대에서 한 시간 넘게 자기가 하고 싶은 말을 쏟아내는 게 공연의 전부더라고요. 인종, 섹스, 가족, 시사 문제를 소재로 경계 없이 농담을

6

하는 모습에 충격을 받았습니다. 그때까지 스탠드업 코미디를 제대로 접한 적이 없었으니까요.

그때부터 인생의 모순을 날카롭게 짚어내는 스탠드업 코미디를 열성적으로 찾아보며 위로를 받았습니다. 삶이란 건 영 별로지만, 순간순간 웃긴 부분이 꽤 많다는 걸 화면 속 코미디언들이 알려줬죠. 언젠가 그들처럼 무대에서 내 이야기를 풀어내고 싶었습니다.

하지만 스무 살 무렵의 전 스탠드업 코미디를 하기는 커녕 사람이 많은 곳은 지나가지도 못할 정도로 사회 공포증이 심한 상태였죠. 평생 이룰 수 없는 꿈이라고 생각하고 농담을 적은 노트는 책꽂이에 처박아버렸습니다.

그 후 13년, 내면에 많은 변화가 있었습니다. 대학 졸업 후 한국에 돌아와 다양한 직업—번역가, 통역사, 외신 기자, 그리고 여성친화형 성인숍 창업—을 거쳐 점점 제 삶의 중심으로 들어오게 되면서 오래 전 접었던 스탠드업 코미디에 대한 꿈을 다시 떠올렸습니다.

2018년 초 우연히 스탠드업 코미디 오픈 마이크 무대에 도전할 기회가 생겼고, 한 달간 꿈의 무대에 섰습니다. 그러다 뉴욕에서 스탠드업 코미디를 한번 경험해봐야겠다는 생각이 들어, 곧바로 비행기 티켓을 끊었습니다.

뉴욕 현지에서 두 달 동안 '코미디언의 성지'로 여겨지는 코미디 셀러Comedy Cellar에서 수업을 듣고, 스무 군데 가까운 코미디 클럽을 돌아다니며 공연을 관람하고, 서른 번 정도 오픈 마이크 무대에 섰습니다. 국내에는 잘 알려지지 않았지만 뉴욕에서 20~30년간 스탠드업 공연을 해온 유명 코미디언들을 심층 인터뷰 했고요.

스탠드업 코미디가 엔터테인먼트의 큰 축을 차지하는 미국은 매일같이 다양한 '코미디 실험'이 이뤄지는 장이었습니다. 코미디언들은 모욕과 풍자, 아이러니의 경계를 아슬아슬하게 오가며 경계를 넓히고 있었죠. 간혹 코미디언의 발언과 농담이 논란이 되면서 사회적으로 허용 가능한 농담의 소재와 수준에 대한 토론이 치열하게 일기도 했습니다.

그런 과정을 거치며 무엇을 수용하고 무엇을 버릴지에 대해 사회적으로 합의가 이뤄지는 모습이 건강해 보였습니다. 그러한 문화가 부러웠고, 스탠드업 코미디가 자리잡지 못한 우리나라에 스탠드업을 제대로 소개해야겠다는 생각이 들었습니다.

이 책은 스탠드업 코미디를 사랑하는 '코미디 덕후'인 제가 친구들에게 이 '예술'을 널리 알리기 위한 자세로 쓴 것입니다. 이러한 컨셉을 유지하고자 친한 친구와 대화하는 듯한 어투로 풀어 썼습니다. 여러분의 친구라고 생각하고 편히 읽어주셨으면 합니다.

이 책에서는 스탠드업 코미디가 무엇인지 소개하고, 제가 뉴욕에서 경험한 것을 생생히 보여드리려 노력했습니다. 숨 돌림이 절실한 분들에게 스탠드업의 매력을 전하고, 곳곳에서 즐거움을 발견하는 방법을 나누고 싶습니다.

스탠드업 코미디언 대니 초^{Danny Cho}는 제가 미국으로 떠나기 전 많은 조언을 해주고 현지 코미디언의 인터뷰 섭외를 도와줬습니다. 더불어 '코미디란 시간 더하기 고통'이라는 공식도 알려주었죠. 이제 썩 괜찮은 스탠드업 코미디언이 되기까지 머나먼 고통의 길이 남았습니다. 그래도 이 책을 쓰던 마음을 기억하며 걸어가보려 합니다.

고마운 사람들이 많습니다. 제가 늘 농담을 실험해보는 대상이 되는 친구들, 고맙습니다. 특히 기획과 편집을 담당한 왓어북 출판사의 안유정 대표에게는 각별한 감사 인사를 전합니다. 또 기획에 참여하고 책 발간 기념 공연을 함께 만든 스탠바이 스튜디오의 네 분, 정재형, 이용주, 김민수, 박철현

님, 여러분이 없었으면 스탠드업을 시작하지 못했을 거예요. 고맙습니다.

그리고 마지막으로 제 황당한 행보에도 늘 응원을 아끼지 않는 가족들에게 사랑을 전합니다.

01

자, 이제
스탠드업 코미디를
시작해볼까?

STANDUP NOW
NEW YORK

뚜벅뚜벅. 코미디언이 걸어 나온다. 무대 위에는 등받이 없는 스툴(의자) 한 개와 마이크 스탠드가 전부. 특별한 분장이나 무대 장치, 소품 같은 건 없다. 무대 중앙에 선 공연자는 여유롭게 마이크를 빼어 들고 농담을 던진다. 잠시 후, "와하하!" 하는 첫 웃음이 터지고, 무표정했던 관객들이 마음을 열고 즐기기 시작한다. 스탠드업 마법의 시작이다.

스탠드업 코미디가 뭐냐고?

코미디언, 조크, 마이크.

스탠드업 코미디, 줄여서 스탠드업은 위 세 가지 요소로 이루어져 있어. 조금 낯설지? 코미디라고 하면 우리가 여태까지 즐겨 본 〈개그콘서트〉나 〈코미디 빅리그〉에서 하던 스케치 코미디, 또는 슬랩스틱(일명 몸개그)이나 콩트(상황극) 같은 걸 떠올릴 텐데, 스탠드업은 이런 코미디와는 좀 달라.

스탠드업 코미디 쇼 무대에는 단 한 명만이 올라가. 무대에 오른 코미디언은 마이크 하나 달랑 들고 관객에게 재미난 이야기를 들려주며 자기에게 주어진 시간을 채우는 거야. 무대에선 코미디언의 실력에 따라서 이 시간은 무척 짧게 느껴지기도, 영원처럼 길게 느껴지기도 하지.

단순하지? 심지어 쉬워 보이기까지 한다고? 연기력도, 성대모사도, 상황 설정이나 분장도 필요 없이 평소 하던 대로 말로 웃기면 그만이니 아무나 할 수 있을 것 같아 보이지? 그래, 그런 생각이 들 법도 해.

그런데 생각해 봐. 만약 1분 동안 당신만의 독창적인 조크로 생판 처음 본 사람을 웃겨야 한다면, 과연 어떻게 웃길 수 있을까? 설마 이런 개그를 하려는 건 아니겠지? "송해가 샤워를 하면?" ⇨ "뽀송해." 뭐 이런 아재 개그? 아 제발… 갑자기 머리가 아프다.

스탠드업 코미디가 보기엔 쉬워도, 막상 무표정의 관객 앞에 서보면 사람을 웃기는 게 얼마나 어려운지 감이 올 거야. 누군가를 웃기는 건 상대방을 무장해제시키고 마음을 얻는 일이기에, 세상에서 가장 힘든 일 중 하나라고 해도 과언이 아니지.

그리고 스탠드업이 한없이 아무 이야기나 풀어 놓는 쇼라고 착각하는 건 금물! 스탠드업 코미디의 조크를 짜는 건 마치 작곡을 하는 것처럼 나름의 작법과 공식이 있다구.

스탠드업을 예술로 여김은 물론, 종교처럼 숭배하는 유명 코미디언 제리 사인펠드Jerry Seinfeld는 '한 줄짜리 농담을 완성하는 데 짧게는 며칠에서 길게는 2년까지 걸린다'며, 〈뉴욕타임스New York Times〉와의 인터뷰에서 이렇게 말했지. "사실상 아무 의미 없는 조크 한 줄 만드는 것치곤 꽤 오래 걸리죠? 하지만 그게 바로 제 일이에요. 쓸데없는 말을 만들며 시간을 낭비하고, 그 결과물로 사람들의 시간을 빼앗는 게." 사인펠드는 올해 63세. 코미디언으로 활동한 지 무려 40년에 접어들지만 여전히 왕성히 활동 중이셔.

코미디를 구성하는 조크는 한 문장일 수도, 15분짜리 경험담일 수도 있어. 하지만 그게 무엇이건 기발한 내용으로 촘촘히 채워야 관객들의 주의를 계속 잡아둘 수 있어.

스탠드업의 조크는 보통 '전제premise'와 '펀치라인punch line'으로

제리 사인펠드의 쇼 〈사인펠드와 함께 커피 드라이브〉   ⓒ넷플릭스 제공

이루어져. 전제는 웃음을 위해 '밑밥'을 깔아주는 역할, 그리고 펀치라인은 한 대 얻어맞은 듯 깜짝 놀라게 하는, 폭소가 터지는 조크의 핵심 포인트야. 이런 구성은 공연 내내 끊임없이 긴장을 창조하고 해소하는 역할을 해.

쉽게 설명해볼게. 고무줄 총으로 물체를 쏜다고 할 때, 고무줄을 당기는 힘이 있어야 돌이 튕겨 나가 물체를 맞출 수 있지? 스탠드업에서 전제는 '줄을 팽팽하게 당기는 힘'이고, 펀치라인은 '날아가는 조약돌'이야. 고무줄을 제대로 잘 당겨야 한 방에 맞추겠지? 그리고 펀치라인이 제대로 명중했을 때, 뱃속 깊은 곳에서 우러나오는 웃음소리를 들을 수 있지. 아래 조크 한번 볼래?

난 41년간 한 여자만을 사랑했어요. 마누라한테 걸리면 죽어요.
I've been in love with the same woman for forty-one years. If my wife finds out, she'll kill me.

— 헨리 영맨(Henry Youngman, 영국계 미국인 코미디언)

여기서 전제는 첫 번째 문장이겠지? 평범하고, 별다른 점이 없는 상황 설명. 그런데 두 번째 문장이 펀치라인 역할로 반전을 일으키는 거지. 부인 얘기를 하는 줄 알았던 관객들이 웃음을 터뜨리는 포인트이기도 하고. 이 전제와 펀치라인에 대해

서는 뒤쪽에서 좀 더 자세히 설명해줄게.

코미디언은 이런 농담을 던질 때 그 이야기를 가장 재미있게 전달할 수 있는 컨셉의 캐릭터를 잡곤 해. 이 과정에서 중요한 건, 듣는 사람들의 머릿속에 어떤 이미지를 그려낸 후, 그걸 완전히 새로운 시각으로 볼 수 있게끔 해줘야 한다는 거야.

낯설기도, 익숙하기도 한 스탠드업 코미디

우리나라에서 스탠드업 코미디가 아직 낯선 장르인 건 분명해. 그런데 우리가 생각을 안 해봐서 그렇지, 스탠드업이랑 본질적으로 비슷한 형태는 주위에도 많아.

한 사람이 '누군가를 웃기기 위한' 의도로 말을 이어간다는 면에서는 할아버지 팔순 잔치에서 분위기를 띄우는 사회자, 또는 개그맨 수준으로 웃기는 강사의 인터넷 강의도 어쩌면 스탠드업 코미디의 일종으로 볼 수 있어. 또 스탠드업 코미디가 무대에서 이루어진다는 걸 고려하면 〈세상을 바꾸는 시간 15분〉이나 〈테드TED〉와 형식이 비슷하다고 볼 수도 있고.

그렇지만 행사 사회자든 〈테드〉든 목표 자체가 관객을 웃기는 건 아니니까 엄연히 스탠드업 코미디와는 구분을 지어야겠지. 〈테드〉 한 편에서 웃는 순간이 많아 봐야 대여섯 번 정도라고 하면, 스탠드업 코미디는 관객이 쉴 새 없이 웃도록 만드는 게 목표야. 가르침도, 깨달음도, 인생에 대한 그럴듯한 조언도 없이 순수하게 '웃음만을 위한' 공연인 셈이지.

코미디언이 본인의 재능과 마이크만 가지고 뭔가를 보여준다는 면에서는 가수와 조금 비슷하기도 해. 그런데 가수는 노래를 기가 막히게 잘하면 그 재능이 바로 확 드러나잖아? 가수 오디션 프로그램을 보면 참가자가 노래를 딱 한 소절 했을 뿐인데 심사위원들이 환호하고 그러더라고. 입을 열자마자 그 재능이 튀어나오는 거지.

그렇지만 코미디언으로서의 재능을 보여주는 건 그만큼 쉽지 않아. '얼마나 재미있는가'는 주관적이니까.

독설로 유명한 토크쇼 진행자 겸 스탠드업 코미디언인 첼시 핸들러Chelsea Handler는 논란의 여지가 되는 발언을 자주 해. 한 스탠드업 공연에서는 아이 가진 사람들에 대한 불만을 토로했지.

"애 낳았다고 자기가 무슨 대단한 시험이라도 통과한 양 잘난 척 하는 인간들, 정말 밥맛이에요. 이봐요, 나도 세 번이나 엄마가 될 뻔 했거든요? 하지만 다행히도 '올바른 선택'을 했죠."

무슨 뜻인지 감이 오지? 바로 핸들러 본인이 임신 중절을 세 번 한 것이 아이를 낳은 것보다 나은 선택이라는 뜻의 냉소적인 조크야. 여기서 첼시 핸들러가 진짜 임신 중절을 한 적이 있는지, 세 번이나 했는지 여부는 중요하지 않아. 고귀한 모성 또는 엄마로서의 책임 같은, 사회적으로 중요하다고 여기는 가치를 비웃는 캐릭터에 이입해 조크를 한 거지.

인공 유산이라는 주제 자체가 불편한 사람들은 이런 조크에 인상을 찌푸리거나 심지어 자리를 박차고 나가버리기도 하지만, 입 밖으로 꺼내기 힘든 주제를 태연하게 농담거리로 삼는 핸들러에게 박수를 치는 사람도 많아.

이렇게 호오가 뚜렷한 소재로 괜찮은 코미디를 하려면 내공이 보통 많이 필요한 게 아냐. 이 때문에 경력 있는 코미디언들이 입버릇처럼 하는 말이 있어. 바로 '스탠드업 코미디를 잘하려면 시간 더하기 고통이 필요하다'는 것. 즉, 다양한 관객 앞에서 셀 수 없을 만큼 공연을 하면서 많이 망가지고 실패하며 고통을 겪어야만 잘할 수 있다는 뜻이야.

다양한 무대에서 숱하게 실패하면 할수록 성공 가능성이 높아진다는 모순적인 성공 방정식이 적용되는 게 바로 이 스탠드업 코미디인 셈이지. 다시 말해, 스탠드업 코미디는 경험이 매우 중요하다고 볼 수 있어.

무엇이 웃긴가, 그것이 문제

스탠드업 코미디가 특별한 또 다른 이유는 여기서 다루는 주제와 소재야. 베테랑 코미디언들이 인터뷰에서 반복해서 하는 말이 있어. "이 세상에 조크의 소재가 되지 못할 건 없다. 어떻게 풀어내는가에 달렸을 뿐!'

사실 스탠드업 코미디 쇼에서 종교, 정치, 젠더, 인종 문제를 넘나드는 걸 보면, 마치 일부러 심기를 불편하게 하려는 것 같다는 생각이 들 때가 많아. 예를 들면, 이런 조크를 봐.

> 히틀러**Adolf Hitler**와 폴 포트(Pol Pot, 1970년대 캄보디아에서 200만 명을 학살한 '킬링필드'의 주역)는 역사상 최고로 나쁜 놈들이죠? 하지만 우리 최악에서도 좋은 걸 보려고 노력해보자고요. 히틀러와 폴 포트, 둘 다 굉장히 많은 의학 연구를 해냈죠. 동물 실험을 전혀 하지 않고서도요.
> Hitler and Pol Pot, unquestionably two of history's biggest cunts. But let's try and see the good in the bad, and both Hitler and Pol Pot managed to conduct an awful lot of medical research done without having to test on any animals.
>
> ── 지미 카(Jimmy Carr, 영국 스탠드업 코미디언)

이래도 되나 무서울 정도지? 그럼 이런 조크는 어때?

다른 나라 사람들은 중동 사람들이 배려심이 없고 사려 깊지 않다고 생각하곤 해요. 그래서 중동에도 '사마리탄스(Samaritans, 생명의 전화 격 자선단체)'가 있느냐는 질문을 종종 받습니다. 물론 있어요. 다만 중동에선 '사마리탄스'가 아니라 '신입 모집 센터'라고 해요. 누가 전화해서 "저 자살하고 싶어요!"라고 하면 "아주 좋아요. 잘 됐네요. 10분 후에 버스가 떠나는데 오실래요?" 하는 식이죠.

People think that Middle Easterners are not caring and considerate people, that they don't even have a Samaritans helpline. Well, they do. They just call it a recruitment centre. "Please help me, I'm feeling suicidal." "Ok Sir, that's brilliant, there is a bus leaving in 10 minutes time."

— 오미드 잘리리(Omid Djalili, 이란계 영국인 스탠드업 코미디언)

충격적이지? 이 둘은 잔인한 독재자와 자살 폭탄 테러라는 불쾌한 이미지를 소환했지만, 기발한 이미지를 덧입혀 관객들의 웃음을 이끌어내는 데 성공했어. 물론 이게 좋은 조크인지에 대해서는 논란이 될 때도 있어. 신문에 대서특필되면서 사회 이슈가 되기도 하고 말야.

소셜 미디어에서는 '재미있으면 다 괜찮다'는 사람들과 '이런 식의 농담은 이슈를 축소화 하고 소수자에 대한 편견을 강화시킨다'고 비판하는 이들이 박터지게 싸우기도 하지. 어쨌든 어디까지가 농담으로서 괜찮은지 토론이 활발하게 이뤄지는 건 좋은 게 아닐까?

이렇듯 스탠드업 코미디는 대중에게 본격적으로 인기를 끌기 시작했을 때부터 논란과 단짝이었어. 코미디언으로 50년 넘게 활동하고 2008년 사망한 조지 칼린George Carlin은 아예 작정하고 〈TV에서 말할 수 없는 일곱 단어Seven Words You Can Never Say on TV〉라는 스탠드업 공연을 한 걸로 유명하지. 방송에선 삐—묵음 처리가 되는 '더러운 일곱 단어'에 관한 고찰인데, 1970년대 초엔 이 조크 때문에 풍기문란죄로 체포되기까지 했다고.

그렇지만 칼린은 기죽기는 커녕 매년 더 강력한 주제로 끝까지 대중을 도발했어. 그는 코미디언의 역할이 "한계가 어디쯤에서 그어지는지 알아내고, 그 선을 일부러 넘어버리는 것(to find out where the line is drawn and cross it deliberately)"이라는 말을 남겼지. 죽는 날까지 예리한 조크로 스탠드업 코미디의 최전방에 서 있던 사람다운 발언이지?

위에 히틀러 조크를 한 지미 카 역시 위태로운 농담 던지기로 유명해. 한번은 스탠드업 코미디의 본질에 관한 인터뷰에서 이렇게 말하더라.

"저 역시 논란거리가 된 농담이 앞뒤 설명 없이 쏙 뽑혀서 신문에 인쇄된 걸 읽으면 '음, 아침 아홉시 반에 씨리얼 먹으면서 읽기에 좀 거슬리기는 하군.'이라는 생각이 들기도 해요. 하지만 코미디 공연장 안에서 관객과 친밀감을 쌓은 후 던지는 조크는 그 성격이 아예 다르죠. 사람들은 불쾌해 할 권리가 있고, 나는 내가 농담하고 싶은 게 뭐든 그에 대해 말할 표현의 자유가 있어요."

인생은 비극과 희극이 나란히 붙어 있는 쇼라지? 마치 인생처럼, 코미디언은 슬픈 상황, 극단적인 소재에서도 웃을 수 있는 요소를 찾아내 보여주려고 해. 진실 한 스푼에 환상 두 스푼, 거짓말 1리터를 부어서 말이야.

한국계 미국인 코미디언 마거릿 초는 "내 아픔으로 다른 사람을 위로하는 것(to use my pain to heal others)"이 자기의 일이라고 말한 바 있지.

인간이라면 누구나 고통을 피할 수 없어요. 그렇지만 웃는 동안에는 마음을 탁 놓을 수 있죠. 난 나를 요가 강사로 생각해요. 사람들이 한 시간 반 동안 호흡할 수 있도록 도와주는 거죠. 웃음, 산소, 희열, 그리고 자유를 사람들이 들이킬 수 있게 하는 것. 그게 내가 줄 수 있는 가장 큰 선물이에요.

Suffering is inevitable in human experience. But I feel like people have a release when they laugh. I kinda think of myself as a yoga instructor. If I can get you to breathe for an hour and a half, that's all I ask. I hope that people breathe and take in laughter, oxygen, ideas, joy and freedom. And that's to me the most valuable gift to be given.

—마거릿 초

2012년, 코미디언 티그 노타로Tig Notaro는 상상할 수 있는 최악의 상황을 몇 개월 안에 다 겪었어. 처음엔 심각한 장내 세균 감염으로 입원하고, 애인한테 차이고, 곧이어 어머니가 사고로 급작스럽게 사망했지. 게다가 노타로는 유방암 2기 판정을 받아. 하지만 노타로는 침울해하지 않고 무대에 섰어. 특유의 '인생이 그런데, 뭐 별 수 있겠어?' 라는 표정으로.

"여러분, 좋은 밤이죠? 모두들 즐거운 시간 보내고 있으신 가요? 저 암이래요."

짐짓 숙연해진 관객을 앞에 두고 눈 하나 깜짝 않고 말을 이어가지.

"평소에 난 내 가슴이 절벽이라고 자기 비하 농담을 많이 했는데요, 내 가슴이 그걸 엿들었나 봐요. 그리고 지들끼리 이렇게 말했겠죠. '있지 말야, 더 이상 저 소리 들어주기 힘들어. 이 여자 그냥 죽여버리자!'"

사실 스탠드업에서 암이나 죽어가는 어린이 같은 소재는 우울한 감정을 불러일으키기 때문에 반드시 피해야 한다고 하지만, 노타로는 진짜 이야기를 하기 위해 그런 금기는 다 잊고 자기 마음속에 있는 것을 풀어 놔. 그리고 이 공연 덕분에 10년 넘는 스탠드업 커리어의 정점에 서게 되었어. 티그 노타로의 이야기가 궁금하다면 넷플릭스에서 다큐멘터리 〈티그^{Tig}〉를 찾아 봐.

이처럼 한 치 앞을 알 수 없는 인생이라도 코미디 덕분에 우리는 잠시나마 긴장을 내려놓고, 눈에는 눈물이 맺혔더라도 낄낄대면서 살아갈 수 있지 않을까?

스탠드업 코미디 쇼는 인기가 많을까?

엄청 많아. 20세기 중반부터 TV와 영화는 물론 나이트라이프 유흥거리로도 스탠드업 코미디쇼가 큰 자리를 차지해왔으니까. 특히 평소에도 토론을 즐겨하는 미국인들에게 스탠드업 코미디언은 선망의 대상이지. 유머로 논지를 펴고 상대방을 설득하는 게 최고의 가치니까.

이제는 영화배우로도 활동하는 스탠드업 코미디언 케빈 하트$^{Kevin Hart}$는 2015년에 미식 축구 경기장을 5만 3천 명이나 되는 관중으로 꽉 채웠어. '고작' 한 사람의 이야기를 듣기 위해 그 많은 사람들이 그렇게 비싼 표를 구입한다는 게 처음에는 나도 믿기질 않더라고!

현재 여성 스탠드업 코미디언으로 독보적인 지위를 자랑하는 1981년생 에이미 슈머Amy Schumer는 2017년 한 해 3천 7백만 달러(약 400억 원)에 가까운 돈을 벌었어. 2015년에는 로맨틱 코미디 영화 〈나를 미치게 하는 여자Trainwreck〉에 주연으로 출연해 큰 인기를 끌었고, 역시 주연을 맡은 〈아이 필 프리티I feel pretty〉가 2018년 개봉해 큰 성공을 거뒀어.

비즈니스 잡지 〈포브스Forbes〉는 매해 '가장 많은 수입을 올린 코미디언' 리스트를 발표해. 2017년에는 한참 영화계에서 활동하다 10년 만에 스탠드업 코미디계로 돌아온 크리스 락Chris Rock이 넷플릭스와 스페셜 한 시리즈를 2천만 달러(약 210억 원)에 계약해 기록을 세웠지.

역시 오랜만에 침묵을 깨고 스페셜 시리즈로 돌아온 스탠드업 코미디언 데이브 샤펠Dave Chappelle은 2017년 그래미 시상식Grammy Awards에서 베스트 코미디 앨범상을 거머쥐었을 뿐 아니라 넷플릭스와의 코미디 시리즈 네 편 계약에 4천 7백만 달러(약 503억 원)를 챙겼어.

제리 사인펠드는 자신의 1990년대 히트 시트콤인 〈사인펠드Seinfeld〉의 넷플릭스 스트리밍 서비스를 포함해 총 6천 8백만 달러(약 727억 원)를 벌어, 2017년 수입이 가장 많은 코미디언이 되었고 말야.

이걸 보니 넷플릭스가 스탠드업 코미디에 관심을 꽤 많이 갖는 것 같지? 넷플릭스는 2016년부터 한국을 포함해 약 190개 나라에서 스탠드업 코미디 스트리밍 서비스를 시작했어. 넷플릭스는 오리지널 드라마 못지않게 스탠드업 코미디 스페셜에 큰 관심을 보이고, 2013년부터는 코미디 스페셜을 아예 자체 제작하고 있지. 넷플릭스가 스탠드업 코미디언과 독점 스트리밍 계약을 할 때는 적게는 수억, 많게는 수백억 원에 가까운 금액을 제시하기도 한다고.

넷플릭스는 스탠드업 코미디를 포함해 코미디 프로그램 소비의 지형을 크게 바꿨어. 그리고 넷플릭스에 올라간 한 시간짜리 스탠드업 코미디 스페셜이 히트를 치면, 그 코미디언의 순회 공연 티켓이 이전과는 비교할 수 없이 빠르게 팔리지.

우리나라에서 현재 완성된 스탠드업 스페셜은 코미디언 유병재의 2017년 〈블랙 코미디〉가 유일해. 독특한 캐릭터로 소셜 미디어에서 인기몰이를 하는 유병재의 시도 덕에 "대체 스탠드업이 뭐야?"라는 말이 종종 들리더라고. '스탠드업 코미디의 문익점'이라고 부르던데, 나도 맞는 말이라 생각해. 유병재가 아니었으면 이렇게까지 대중의 관심이 커졌을까 싶어. 유병재의 스탠드업 코미디 스페셜 〈블랙 코미디〉는 넷플릭스에서 시청할 수 있으니 한번 감상해 봐.

스탠드업 코미디는 세계 엔터테인먼트 산업을 이끄는 미국에서 뿌리를 단단히 내리고 많은 배우와 MC, 토크쇼 진행자를 배출한 공연 장르야. 어차피 별다른 소품도 필요 없고 코미디언의 빛나는 아이디어와 재치, 그리고 마이크 하나면 충분하기 때문에 상대적으로 진입 장벽이 높지 않은 편이지.

2016년 비극적으로 생을 마감했지만 우리나라에서도 많은 사랑을 받은 로빈 윌리엄스 Robin Williams, 동네 아저씨 같은 친근함으로 로맨틱 코미디 전문 배우로 안착한 애덤 샌들러 Adam Sandler, 낮 시간 토크쇼를 꽉 잡고 있는 엘런 드제너러스 Ellen DeGeneres, 그리고 이젠 은퇴했지만 전설로 남은 두 라이벌 데이비드 레터맨 David Letterman과 제이 레노 Jay Leno까지— 모두 스탠드업 코미디언으로 커리어를 시작했어.

이렇게 스탠드업 코미디언으로 유명해지면 영화와 시트콤 출연 제의는 물론 책 계약까지 뒤따르며, 다른 분야의 엔터테인먼트로 진출할 수 있는 기회도 열린다구.

물론 스탠드업 코미디언으로 시작해 영화배우, 토크쇼 진행자 등으로 커리어를 바꾼 사람도 있지만, 영원히 작은 코미디 클럽에서 시시껄렁한 농담을 하는 스탠드업 코미디언으로 남고자 하는 사람도 많아. 다들 지향하는 게 다르니까!

02

스탠드업 코미디언의 생명줄, 조크 만들기

STANDUP NOW

NEW YORK

스탠드업 코미디의 성패 여부는 코미디언이 구사하는 조크의 주제, 통찰력, 그리고 전달력에 달려 있어. 조크는 재밌지만 조크를 만드는 과정은 재밌지만은 않아.

조크는 어떻게 만들까?

스탠드업 코미디는 고작 '이야기 풀어놓기'만은 아냐. 연극처럼 정해진 대본이 있는 것도, 클래식 음악 공연처럼 악보를 따라가며 연주하는 것도 아니지. 어디로 튈지 모르는 즉흥성, 그리고 코미디 쇼가 진행되는 과정에 관객이 방관자가 아닌 코미디언과 소통하는 참여자가 된다는 게 다른 공연 예술과는 차별화되는 지점이야.

오직 말로만 구성되기 때문에 단순히 웃긴 사람이 나와서 즉석에서 말을 꾸며내는 것 같지? 전혀 그렇지 않아. 무대에 올리는 모든 스탠드업 코미디 쇼는 코미디언이 사전에 철저히 준비한 거야. 공연 준비에 드는 시간과 노력도 굉장하다구.

스탠드업 코미디언은 늘 신경을 곤두세우고 세상에 귀를 기울이며 어떤 소재를 조크에 이용할까 고민하지. 매일매일 이상하고 어이없는 일이 벌어지는 이 세상을 치밀하게 분석한다고나 할까? 이들은 뛰어난 관찰력으로 우리가 무심히 놓치고 지나가는 걸 기어이 잡아채서, "어이! 근데 이거 좀 웃기지 않아?" 하고 공감을 구하기도 해.

이를테면 스탠드업의 조크는 '공감툰' 같은 거야. 우리가 익숙해져서 잘 모르거나 혹은 인지하고는 있지만 정확히 뭐라고 표현할 수 없던 부분을 기가 막히게 잡아내서 조크로 풀어내는 거지. 그게 잘 먹히면 관객이 공감의 웃음을 터뜨리며 열광하는 거고.

예를 들면, '음식 덕후'로 유명한 짐 캐피건은 베이컨에 대해 이런 찬사를 던져.

베이컨은 정말 최고예요. 심지어 이 고기는 구울 때조차 박수갈채 같은 소리를 내잖아요.

Bacon's the best, even the frying of bacon sounds like an applause.

짐 개피건(Jim Gaffigan, 미국 스탠드업 코미디언)

베이컨이 지글지글 구워지며 고소한 냄새를 풍기는 모습이 눈앞에 그려지지 않아? 스탠드업 조크는 이렇게 실없기도 해.

사실, 스탠드업 코미디에는 거창한 목적이 없어. 교훈? 그런 건 기대하지 마. 간혹 색다른 시각에서 오는 깨달음 비스무리한 거나 인생을 좀 다른 관점으로 바라보게 해주는 기능은 있어. 하지만 스탠드업 코미디의 진정한 목표는 정해진 시간 동안 그저 시시껄렁한 이야기를 늘어놓으며 관객이 폭소하게 만드는 거야. 그게 존재의 본질이기도 하고.

하지만 바꿔 말하면, 그게 스탠드업 코미디가 가진 힘이기도 해. 왜 그럴 때 있지 않아? 눈앞에 닥친 문제를 잠시만이라도 잊고 싶을 때. 지겨운 업무, 패고 싶은 직장상사, 밥 먹을 때 쩝쩝거려서 밥맛 떨어지게 하는 남편, 병상에 누워 계신 아버지, 다음주에 나올 조마조마한 건강검진 결과, 연애 문제, 나라 걱정, 제일 쓸데없는 연예인 걱정까지….

그런 다채로운 고민거리에 짓눌리다 보면 잠시라도 다 잊게 해줄 무언가가 필요할 때가 있잖아. 어떤 사람에게는 그게 술

음식 조크를 하다하다 『먹고 또 먹고』 책까지 낸 짐 개피건　ⓒ넷플릭스 제공

이나 클럽이고, 어떤 사람에게는 프라모델 조립이겠지. 코미디를 사랑하는 사람에게는 코미디가 되는 거고.

매번 심판대에 오르는 기분 알아?

당연하게 들릴지 모르지만, 스탠드업 코미디언들은 제각기 다른 방식의 스타일을 추구해. 욕설 한 마디 없이 배꼽 빠지게 하는 짐 개피건, 음담패설 전문인 뉴욕 출신 코미디언 데이브 아텔Dave Attell, 전업 주부 캐릭터를 내세워 큰 인기를 얻은 로잰 바Roseanne Barr, 마약에 취해 자기 몸에 불을 붙인 걸로 농담을 하는 리처드 프라이어Richard Pryor 등 공연자들의 개성은 다채로워.

누군가는 과장된 목소리와 표정으로 연기를 하고, 누군가는 무표정에 낮은 목소리로 한 시간 내내 이야기를 이어가기도 해. 자신이 어떤 종류의 조크를 가장 좋아하는지 정확히 안다면, 그런 스타일의 코미디언을 찾으면 되겠지?

그리고 스탠드업의 또 다른 특징은 대중의 엄청난 지지를 받는 유명 코미디언이라도 언제나 웃기지는 못한다는 거야. 물론 10~20년씩 해온 베테랑 코믹(코미디언)들은 그동안 쌓은 짬이 있으니 무대에서 여유 있고, 농담이 안 먹혔을 때 상대적으로

의연히 넘길 수 있지.

하지만 베테랑 코미디언들도 '뉴 매터리얼new material'이라고 하는, 새로운 조크 꾸러미를 관객 앞에서 펼쳐 보일 때는 여느 코미디언처럼 긴장하기는 마찬가지야.

일례로 우리나라에도 꽤 알려진 탑 코믹, 크리스 락의 경우 2017년 말 불거진 할리우드 내 성폭력 이슈를 가지고 농담을 시도했다가 웃음은 커녕 관객의 싸늘한 야유를 받았지. 뭐냐면, 할리우드 인사의 성폭력을 폭로한 여성들을 '돈을 챙기려고 거짓말하는 꽃뱀'에 비유를 한 거야.

크리스 락의 조크가 부적절하다는 것을 전적으로 관객이 판단했고, 결국 조크는 실패했지. 그 유명한 크리스 락도 쇼에서 실패할 때가 종종 있다니까.

이렇듯 스탠드업 코미디 무대에서 새로운 조크를 선보이는 건 슈퍼스타에게도 늘 새로운 도전이야. 그쪽 세계에서도 탑 코믹이 무대 위에 올랐을 때 원래 보유하고 있던 호감도가 효과를 발휘하는 건 딱 30초뿐이라고들 해. 30초 이후 공연의 성패는 여느 무명 코미디언과 같은 조건에 있다는 거지. 즉, 준비한 조크가 재미있고 신선한지, 그리고 그걸 제대로 전달하는지가 관건이라는 거야.

LA에서 활동 중인 한국계 미국인 스탠드업 코미디언 헬렌 홍^{Helen Hong}은 바로 이런 점이 스탠드업 코미디의 매력이라고 말했어.

스탠드업은 최고로 공평한 예술이에요. 고등학교 중퇴건 하버드대 졸업생이건 유명 코미디언이건 무명이건, 누가 가장 많이 웃길지는 아무도 몰라요. 인종과 배경? 전혀 상관없어요. 당신이 얼마나 웃기느냐, 그게 관건이죠.

Stand-up is the most democratic art form. By democratic I mean, "fair." I've been on a show with people who went to Harvard, and in that same show there was someone who dropped out of high school. It doesn't matter whether you're famous or not. There's no factor on how well you'll do. It doesn't matter what race you are, it doesn't matter what your background is. You're either funny or not.

— 헬렌 홍

제리 사인펠드는 이런 스탠드업의 특수성에 대해 관객 앞에서 불만을 토로한 적 있어.

이상하지 않나요? 여러분이 우리의 훌륭한 아이디어를 두고 좋네 나쁘네 판단하는 게요. 이 재능 있고, 돈 많고, TV에 출연한 사람들이 재밌는지 재미없는지 여러분이 판단을 내린다고요. 그리고 우리는 당신들을 믿어야 하죠. 당신들이 대체 우리 일에 대해 뭘 아는데요?

만약 내가 여러분의 직장에 나타나서 훈수를 두면 어떨까요? "난 당신이 회의 때 말한 거 별로예요. 물론 난 당신의 일에 대해 아무것도 몰라요. 참견할 이유도 없고, 심지어 여기서 일하지도 않아요. 근데 그냥 내의견을 말하러 온 거예요." 딱 이런 식이죠.

Can you believe that you are in charge of deciding whether our brilliant ideas are good or not? All this talented people, all this money, people with TV credits come up here and you get to decide what's good and what's not good, and we believe you. What the hell do you know about it?

But just think about how you would feel if I came into your office. "I don't like what you say in your meetings. I don't know anything about your business. I don't have reason, I don't even work here. But I thought I'll just drop by and give you a piece of my mind.

— 제리 사인펠드

눈앞에 펼쳐보이듯 묘사하라

바로 앞 챕터에서 '조크 한 개를 완성하는 데 2년이 걸렸다'는 제리 사인펠드의 말 기억나? 그 조크가 바로 이거야.

결혼은 체스 게임 같아요. 다만 체스 판은 흐르는 물이고, 말은 연기로 만들어졌고, 당신이 어떤 수를 둬도 결과에는 영향을 미치지 못하죠. Marriage is like a game of chess except the board is flowing water, the pieces are made of smoke and no move you make will have any effect on the outcome.

조크라기보다 철학적 고찰에 가까운 느낌이지? 변화무쌍하고 뜻대로 되지 않는 결혼의 성질을 창의적으로 표현했어. 사인펠드는 이 한 문장을 가장 최적화 된 표현으로 만들기 위해 관객들 앞에서 계속 실험했대. 처음엔 '물water'이라고 했다가, '물줄기water flow'라고 바꿨다가, '흐르는 물flowing water'이라고 표현했을 때 반응이 가장 좋아서 그걸로 정했다나?

조금 더 현실감이 가미된 예를 들어볼까? 주변에 왜 그런 남자들 있지. '참 좋은 오빠.' 늘상 "오빠 참 괜찮은 사람이야."라는 말을 듣지만 정작 여자친구는 없는…. (미안하지만) 호구 취급을 받는 이 남자를 이렇게 독하게 표현할 수 있겠지. '친구랑 여행갈 때 새벽 한 시에 공항에 데려다주고 우리 고양이 똥 치워주는 남자.' 솔직히 머릿속에 떠오르는 사람이 적어도 한 명은 있지 않아?

이렇게 간결한 말로 관객의 머리에 어떤 구체적인 형상을 그려내면 관객은 곧바로 손뼉을 치며 폭소해. 공감을 자아내는 조크를 얼마나 기발하고 재미있게 표현하느냐에 따라서 그날 공연의 성패가 왔다 갔다 하겠지?

어떤 코미디언들은 처음 무대에 등장할 때 관객과 친해지려고 자기 외모를 언급하곤 해. 예를 들어, 순진하게 생긴 코미디언 존 멀레이니John Mulaney는 자기 외모를 이용해 이런 조크를 자주 하지.

"식당에서 종업원이 내 무릎에 수프를 쏟으면 오히려 내가 사과할 것 같이 생겼죠?"

만약 수수한 외모에 체크 무늬 남방을 입고 안경 쓴 코미디언이라면 "저 공대생처럼 생겼죠?"라고 하지는 않을 거야. 그건 아무나 할 수 있는 말이잖아. 프로 코미디언이라면 이렇게 표현하겠지.

"아아, 무슨 생각하는지 알아요. 소개팅 나가서 비트코인 얘기 할 것 같이 생겼다고요?"

본인의 피부 색, 키, 헤어스타일 등 눈에 가장 먼저 들어오는 걸 재치 있게 짚어주면 호감을 사고 쇼를 시작할 수 있어.

뜨겁게 구워 더 고소하다, 로스트!

로스트roast 또는 로스팅roasting. 커피숍에서 커피콩 볶는 걸 뜻하지? 하지만 스탠드업에서는 완전히 다른 의미로 쓰여. 바로 '남을 모욕하면서 웃기는 것'을 지칭한다구. 로스트는 모욕의 대상을 선정한 후, 그 사람의 외모, 성격, 출신, 인성 등에서 결함을 찾아내서 들들 볶고 갈구는 거야. 당하는 사람을 바짝 구워버린다고 해서 로스팅이라고 부르지. '모욕 코미디insult comedy'의 일종으로 볼 수 있어.

로스트는 1940년대 미국 코미디언들이 처음 시작했는데, 1970년대엔 TV프로그램으로 만들어질 정도로 굉장한 인기를 얻었어. 주로 인기 연예인이 모욕의 대상roastee이 되는데, 본인 스스로 욕을 듣겠다고 나서지. 아니, 대체 누가 나서서 욕을 듣고 싶어하느냐고? 게다가 연예인이 이미지에 손상이라도 가면 위험한데 왜 그런 짓을 하느냐고?

이보게 친구여, 너도 어떤 면에서는 열등감이 있지? 사람은 누구나 열등감이 있어. 보통은 그걸 감추기 위해 어느 정도 가면을 쓰고 무장을 하며 살아가. 근데 사실 이거 되게 피곤한 일이잖아? 유명인인 경우에는 더 숨 막히겠지. 어딜 가나 사람들의 관심을 받고, 연애부터 수입까지 낱낱이 가십거리로 소비되잖아. 마치 평생 흰 티에 흰 바지를 입고 뭐가 묻을까 노심초사하면서 사는 기분일 거야.

그런데 어느 날 그냥 다 포기하고 진흙탕에 풍덩! 빠져버린다면? 오히려 자유롭지 않을까? 그렇게 흙투성이가 된 스타는 자기도 약점 많은 평범한 사람임을 어필하며 오히려 더 큰 인기를 얻을 수 있어.

혹은 '욕쟁이 할머니 국밥집'을 떠올려 봐. 손님에게 다짜고짜 쌍시옷이 들어간 욕을 하고 '빨리 쳐먹고 꺼지라'며 핀잔 주는 식당이 왜 한때 인기를 얻었을까? 내가 봤을 때 포인트는

① 손님이 누구건 욕을 들음
② 손님이 자기 발로 찾아감

이렇게 두 개라고 생각해. 수백 억 자산가도, 갓 스무 살 된 청년도 똑같이 쌍놈 소리를 듣지. 불확실한 인생, 욕쟁이 할머니를 찾는 건 그 앞에서는 '우리 모두 다 같은, 별거 아닌 존재'라는 걸 확인할 수 있기 때문이 아닐까? 피학적인 해방감을 느끼는 거지.

또한 로스트는 대중이 권력가에게 과도하게 눌려 있지 않도록 균형을 잡아주는 역할도 해. 미국 TV프로그램에서는 매일같이 토크쇼에서 대통령을 포함해 정치인, 유력 기업가, 연예인들을 심하다 싶을 정도로 놀려대지. 높으신 분들의 실수를 조롱하며 이런 메시지를 보내는 거야.

"어이, 당신도 결국 우리랑 똑같아. 멍청한 짓 하는 꼬라지 보라구. 돈이랑 명예 좀 있다고 뭐라도 된 양 우쭐대지 마시지!"

현재 미국에서 로스트는 욕을 먹는 사람이나 구경하는 사람 모두에게 재미있는 엔터테인먼트 역할을 톡톡히 하고 있다고.

트럼프가 대통령이 된 건 놀림을 받아서였다?

인기와 화제 면에서 가장 유명한 로스트는 단연 WHCD (White House Correspondents' Dinner, 백악관 기자단 만찬)일 거야.

매년 봄, 워싱턴 DC에서는 WHCD가 열려. 1914년 시작한 이 연례 행사는 원래 대통령 및 백악관 직원들과 출입 기자들끼리의 식사 자리였지만, 1983년부터 오늘날과 같은 로스팅의 장이 되었지.

먼저 호스트로 뽑힌 시사풍자 전문 코미디언이 단상에 올라 '모두까기'를 선보여. 대통령은 물론 수십 년 경력의 CNN 앵커, 〈뉴욕타임스〉의 전설적인 기자 등 모두 놀림거리가 되는 것을 피할 수 없지. 매년 WHCD에 전 세계의 이목이 집중되는 만큼, 누가 호스트 역할을 하게 되는지가 초미의 관심사야.

코미디언에게 탈탈 털린 대통령도 자기 차례가 되면 앞서 모욕을 시전한 코미디언에게 맘껏 복수할 기회가 주어져. 이때,

누구도 이 로스팅에서 나오는 말을 불쾌해하면 안 돼. 모두 시원하게 웃을 수 있는 재치와 유쾌함은 필수라고!

간혹 아슬아슬한 농담도 있지만, 어쨌든 이날만큼은 서로를 조롱하기로 약속된 자리니 다들 껄껄 웃는 분위기야. 공격 받고 미간을 찌푸리는 사람은 농담을 농담으로 받을 줄 모르는 소인배라는 평을 듣는다니까.

2011년 오바마 대통령 재임시절에 열렸던 WHCD는 7년이 지난 지금까지 회자 돼. 당시 호스트 역할을 한 34세의 젊은 코미디언 세스 마이어스Seth Meyers는 총 10분의 공연 동안 3분 가까이 그 자리에 참석한 도널드 트럼프를 신랄하게 놀렸지.

도널드 트럼프가 공화당원으로 대통령 선거에 나선다기에 놀랐어요. 왜냐하면 난 그가 '농담거리' 후보로 나선다고 생각했거든요.
Donald Trump has been saying he will run for president as a Republican, which is surprising, since I just assumed he was running as a joke.

당시 주변에 앉았던 기자들은 트럼프가 부글부글 끓어오르는 화를 참으며 표정이 굳는 걸 목격했다고 해. 그 자리에 함께 참석했던 오바마 대통령은 여기에 한술 더 떠 트럼프가 왜 대통령이 될 자격이 없는지에 대한 조크 펀치를 날렸지.

또한 오바마는 자신의 출생지가 하와이인 것을 증명했는데도 불구하고, 트럼프가 지속적으로 출생지 음모론을 제기하는 게 지겨웠나봐. 오바마는 "출생지 관련 논란을 끝내기 위해 자기의 '출생 비디오'를 세계 최초로 공개한다"고 선언했어. 그러고는 디즈니 만화 영화 〈라이언 킹 The Lion King〉에서 심바가 케냐의 초원에서 탄생하는 장면을 스크린에 띄웠지. 그는 이어서 트럼프를 공격해.

도널드만큼 제 출생지에 대한 의혹이 해결되어 마음이 놓인 사람도 없을 거예요. 이제야 진짜 중요한 문제들에 다시 신경 쓸 수 있으니까요. 이를테면 '달 착륙은 정말 조작인가?(미국의 달 착륙이 허위라는 음모론)', '로즈웰의 진실은 무엇인가?(1947년 미 육군 열기구 추락이 외계인의 짓이라는 음모론)', '비기와 투팍은 살아 있는가?(총기사건으로 1990년대 사망한 두 명의 래퍼가 사실은 살아 있다는 음모론)' 이런 것들 말이죠.

No one is happier, no one is prouder to put this birth certificate matter to rest than the Donald. That's because he can finally get back to focusing on the issues that matter, like: Did we fake the moon landing? What really happened in Roswell? And where are Biggie and Tupac?

트럼프의 정치 고문 로저 스톤 Roger Stone 은 이 WHCD가 트럼프의 대통령 출마 의지에 기름을 부었다고 말하더라고. 놀림 당한 트럼프가 '그래? 내가 대통령이 될 수 있다는 걸 보여주지.' 하면서 출마 의지를 다졌다는 거야.

나중에 트럼프 대통령은 이런 분석을 부정하면서 WHCD에서 자기가 당한 거랑 대통령 후보 출마는 관계가 없다고 말했어. 뭐, 트럼프의 진심을 누가 알겠어. 그치만 자신을 조롱하는 코미디언들을 트위터로 비난하는 걸 보면 농담거리가 되는 걸 질색하는 건 분명해 보여.

반면 전임 대통령인 오바마는 종종 코미디언들과의 협업을 통해 정부 사업을 적극 홍보했고, 로스팅을 껄껄 웃으며 받아넘기는 대인배였기에 더 뚜렷이 비교가 되지. 어쨌든 조크에 일일이 예민하게 반응하는 트럼프는 '유치원생보다 못하다'며 놀림을 받고 있다구.

코미디 센트럴의 모욕 대잔치

백악관 만찬의 로스팅이 행사 중 하나의 세션이라면, 미국의 주요 코미디 채널인 '코미디 센트럴Comedy Central'의 로스팅은 본격 엔터테인먼트 행사야. 일 년에 한 번 정도 열리는 이 행사는 아주 성대하기로 유명하지. 저스틴 비버Justin Bieber 같은 유명 가수부터 배우 제임스 프랭코James Franco, 한물간 청춘 스타 롭 로Rob Lowe, 찰리 신Charlie Sheen 등 많은 연예인이 로스팅을 당했어.

이날의 주인공은 왕좌로 꾸민 의자에 앉아 스탠드업 코미디언 등 유명인으로 이뤄진 패널들이 한 명씩 나와 자기를 코앞에서 모욕하는 걸 지켜봐야 해. '잘 놀리는' 게 참 쉽지 않기 때문에 여기서 로스팅을 가장 잘한 코미디언은 몸값이 치솟기도 해. 공연 마지막엔 그날의 주인공이 앞으로 나와 자기를 놀린 모두를 조롱하고 끝나는 모욕 대잔치, 즉 '모욕 페스티벌'이라 할 수 있어.

2018년에는 영화배우 브루스 윌리스Bruce Willis가 로스팅 대상으로 선정되었는데, 방영 날짜는 아직 정해지지 않았지만 벌써 대대적으로 홍보 중이야.

유머감각이라곤 없는 개자식들에게 인질로 잡혀 몇 시간동안 의자에 묶여있는 게 이번이 처음은 아닙니다만.

This ain't the first time I'll be tied to a chair and held hostage by a group of humorless assholes for a couple hours.

— 브루스 윌리스(영화배우)

브루스는 테러리스트, 아마게돈, 로맨스와 죽음의 상황 모두 이겨냈죠. 하지만 과연 이번 로스트를 감당할 수 있을까요?

Bruce has survived terrorists, Armageddon, romance and death itself. Yet, nothing has prepared him for this Roast.

—켄트 알터먼(Kent Alterman, 코미디 센트럴 회장)

벌써부터 시작된 느낌이지?

그리고 2011년, 도널드 트럼프가 코미디 센트럴 로스트의 욕받이로 나섰던 일도 인기를 높이는 데 한몫했어. 그런데 트럼프는 로스트 시작 전에 부인이든 자식이든 다른 건 다 놀려도 좋지만, 재산에 대한 농담은 하지 말라고 부탁했대. 실제로 많은 자회사가 파산 지경에 이르렀고, 사실 트럼프는 생각보다 그렇게 부자는 아니라는 게 가장 자존심 상하는 일이었나 봐.

하지만 그런 그가 왜 WHCD에서의 조크는 못 받아들였을까? '광대들'에게 놀림 받는 건 자신의 야심을 채우기 위한 자발적 선택이지만, 자기와 너무나 대조되는 인생을 살아온 '쿨가이' 오바마에게 경멸을 받는 건 견딜 수 없던 게 아닐까?

로스팅은 미국 주류 문화 어디서든 찾아볼 수 있어. 특히 공중파에 생중계되는 주요 시상식은 로스팅 대잔치야. 가끔 그 수위가 세서 논란이 되기도 해.

2010~2012년, 그리고 2016년 골든 글로브 시상식^{Golden Globe} Awards의 진행자로 뽑혔던 코미디언 리키 저베이스^{Ricky Gervais}는 영국인답게 조금 더 세고 모욕적인 조크로 시상식 멘트를 채워 화제가 되기도 했어.

"이곳에 모인 위대한 얼굴들을 보니, 올해 이루어진 훌륭한 작업들이 떠오르는군요. 성형외과 의사들의 작업 말이죠. 저 역시 약간의 '작업'을 했습니다. 성기 축소 수술을 했거든요."

이런 멘트는 사람들을 '먹이는' 동시에 마치 자신의 성기가 너무 커서 축소 수술을 했다며 거들먹거리는, 일석이조의 펀 치라인이지.

그는 2012년엔 골든 글로브라는 시상식 자체를 깎아내려. "잘 모르는 분들을 위해 설명을 드리자면, 골든 글로브는 오 스카 시상식^{Oscar Awards}과 같아요. 그만큼 존경과 권위가 없다 는 점만 빼면요. 골든 글로브 대 오스카는 마치 킴 카다시안 (Kim Kardashian, 미국 리얼리티 쇼 스타) 대 케이트 미들턴(Kate Middleton, 영국 왕세자비) 같죠. 전자는 좀 더 시끄럽고, 좀 더 저질이고, 좀 더 취해 있고, 좀 더 쉽게 살죠."

그렇지만 리키 저베이스의 이런 농담에 불쾌해하는 참석자 는 거의 없었을걸? 있어도 표현하기 어려웠겠지. 약간은 위험 한 엣지 있는 농담들에도 불구하고 계속해서 사회자로 초대되는 걸 보면 '잘 갈구는' 코미디언은 분명 인기가 있는 것 같아.

이런 로스트 전통은 스탠드업 코미디 클럽 공연에도 고스란히 남아 있어. MC가 정해진 공연 이외에 관객과 대화를 나누며 '관객 로스팅'을 하는 건 재미있는 볼거리야. 욕쟁이 할머니의 국밥집을 찾듯, 로스팅으로 유명한 모욕 전문 코미디언의 공연을 일부러 찾아가는 사람도 많아. 우리 안의 위선과 모순을 짚어내는 스탠드업 코미디는 로스트와 영원히 뗄 수 없는 관계일 거야.

뭘 가지고 조크를 만드냐고?

생각해보면 작정하고 사람을 웃기는 건 어려운 일이야. 그래서 조크의 소재는 아주 철저하게 찾아야 해. 물론 소재는 우리 주위의 그 무엇도 될 수 있지. 그래서인지 가끔 관객 중에는 '저 정도는 나도 할 수 있겠다'라고 생각하는 사람도 분명 있어.

그렇지만 역설적으로, 스탠드업 코미디언의 일은 보는 사람에게 '나도 무대 위에 올라서면 저 정도는 할 수 있겠다'는 생각을 불러일으키는 것도 포함해. 할 수 있으면 어디 한번 올라와서 해보라고 해.

20세 이하 꼬맹이들은 인생이 본질적으로 불확실하다거나 불완전하다는 걸 잘 모르기도 하지. 그러나 인생을 조금이라도 겪어본 어른이라면 인생이 부조리하다는 걸 한 번 이상은 절실히 느낀 적 있을 거야. 그래서 우리 모두 반전을 좋아하는 것 아닐까? 이야기가 갑자기 허를 찌르고, 예상했던 대로 흘러가지 않기를 바라지.

그래서 스탠드업 코미디언들은 머리를 싸매고 반전이 가미된 조크를 짜. 이 반전 조크는 매우 강력해. 무표정으로 팔짱끼고 '어디 한번 웃겨봐'라는 태도로 앉아 있는 관객일수록, 오히려 한번 마음을 열면 더 크게 폭소를 터뜨린다구. 이 사람들은 자기를 허물어뜨려 줄 무언가가 필요했던 거야. 일단 경계를 풀면 그 다음부터는 훨씬 쉬워져.

천국이 어린이들의 것이라고 한다면, 그 천국은 또한 코미디언의 것이기도 할 거야. 어린이들은 이해가 안 되면 끊임없이 관찰하고 질문하잖아. '이건 왜 이래?', '저건 왜 저래야만 하지?'

어른의 기준에서는 이상할 게 없어도, 아이들은 편견이나 필터를 거치지 않고 보기 때문에 엉뚱한 질문을 하는 거야. 코미디언도 아이들처럼 호기심 어린 눈으로, 늘 기존의 관점에 의문을 던지며 세상을 바라봐야 해. 오감을 열어두는 게 중요하지.

'땡땡이 무늬'는 점자로 어떻게 쓸까요?

I wonder what the word for dots looks like in Braille.

— 드미트리 마틴(Demetri Martin, 미국 코미디언)

단순한 문장이지만, 이 조크는 시각과 촉각을 일깨우지. 땡땡이 무늬라는 패턴, 그리고 올록볼록한 동그란 점으로 이루어진 점자를 읽는 손가락. 이렇게 생각지도 못했던 조합을 제시하고 듣는 사람으로 하여금 웃음 짓게 하는 것이 좋은 조크의 예야.

스탠드업 코미디에서 가장 중요한 게 있는데, 바로 '펀치라인'이야. 관객의 뒤통수를 한 대 치는 듯한 짧고 강력한 말. 랩에서도 펀치라인이라고 하잖아. 그야말로 '예상대로 이렇게 흘러가겠지'라고 생각하는 사람들을 '한방 먹이는' 거야. 이게 잘 먹혀들어가면 기분 좋게 어이없어지지.

정치는 못생긴 사람들을 위한 쇼 비즈니스에요.

Politics is just show business for ugly people.

— 제이 레노(Jay Leno, 미국 코미디언)

왜 미스 유니버스 우승자는 항상 지구인이죠?

How come Miss Universe is only won by people from Earth?

— 로스 노블(Ross Noble, 영국 코미디언)

인간이 신에게 이야기를 하면 '기도한다'고 하죠. 그런데 신이 인간에게
이야기를 한다고 말하면 왜 정신분열증 환자 취급을 하는거죠?
Why is it that when we talk to God we're said to be praying,
but when God talks to us we're schizophrenic?

— 릴리 톰린(Lily Thomplin, 미국 배우 겸 코미디언)

반면에 억지로 반전을 욱여넣으면 오히려 매력이 떨어져. 그
렇기 때문에 펀치라인은 오가닉하게(자연스럽게) 올라온 것이어
야 해.

스탠드업의 언어를 알아보자

마지막으로, 스탠드업에서 쓰는 말 중 기술적인 용어는 제외
하고 아주 기본적인 어휘만 추려봤어. 현역 코미디언들이 자
주 쓰는 표현이니까 잘 알아둬. 스탠드업 코미디를 더 깊이 있
게 즐길 수 있을 거야.

• **스탠드업 코미디**stand-up comedy
여기까지 읽었는데 모르는 건 아니겠지? 공연자가 마이크를
쥐고 관객에게 재미난 이야기나 조크를 들려주는 것. 짧게 '스
탠드업'이라고도 해.

예) 전 스탠드업 코미디가 너무 좋아요.

I love stand-up comedy.

- **스탠드업 코미디언**stand-up comedian

스탠드업 코미디를 하는 공연자. 스탠드업, 코믹, 코미디언이라고도 불러. 특히 '코믹'은 즉흥 연기를 하는 코미디언이나 코미디 배우 등은 해당되지 않고 오로지 스탠드업 코미디언에게만 쓰이는 용어야.

예) 그녀는 스탠드업 코미디언이야.

She's a comic.

She's a stand-up comedian.

She does stand-up.

She's a stand-up.

- **조크**joke

코미디언의 무기! 전제를 세우고 펀치라인으로 관객의 허를 찔러 웃음을 유발하는 말 덩어리라고 보면 돼.

- **전제**premise

웃음이 터질 수 있도록 '밑밥'을 깔아주는 것. 조크의 컨셉이

자 배경으로, 관객이 농담을 이해할 수 있도록 끌어들이는 역할을 하지.

- **펀치라인** punch line

농담의 핵심 구절이자 관객이 웃음을 터트리는 대목. 주로 반전이나 깜짝 놀래키는 내용을 담고 있어.

- **원라이너** one-liner, 또는 one line joke

한 문장에 전제와 펀치라인이 담긴 촌철살인 유머. 쓸데없는 말을 다 배제하고 함축적으로 웃음 펀치를 날리는 진정한 스탠드업 조크 스타일이지. 요새는 원라이너 대신 스토리텔링 안에 펀치라인이나 과장된 연기를 넣어 웃음을 주는 코미디언들이 대세지만, 원라이너 조크를 제대로 쓸 줄 알아야 시간이 지나도 기억에 남는 코믹이 될 수 있지.

원라이너로 유명한 코미디언은 로드니 데인저필드 Rodney Dangerfield, 앤서니 제슬닉 Anthony Jeselnik, 지미 카, 놈 맥도날드 Norm Macdonald, 잭 갤리퍼내키스 Zach Galifianakis, 미치 헤드버그 Mitch Hedberg, 그루초 막스 Groucho Marx, 드미트리 마틴 등이 있어.

위험한 원라이너를 기가막히게 구사하는 앤서니 제슬닉 ⓒ넷플릭스 제공

- **헤클러**heckler

공연 중간에 야유를 퍼붓거나 태클을 거는 관객. "재미없다—!" "무대에서 꺼져!" "(여성 코미디언에게) 가슴이나 보여줘!" 등 소리를 지르며 다채롭게 진상을 피우는 존재. 술에 취해 난동을 부리는 헤클러를 막기 위해 일인당 판매하는 술에 제한을 두는 클럽도 있어.

헤클러는 쇼의 재미를 반감시키는 공공의 적이지만, 코미디언이 헤클러를 재치있게 제압하면 분위기가 반전되며 기대치 못한 웃음이 터지기도 해. 영국 관객이 무자비한 헤클러로 유명하다구. 뉴욕의 헤클러들이 코미디언들에게 좀 세게 대한다는 말도 있었지만 최근엔 보기 어려운 듯해.

- **크라우드 워크**crowd work, 관객 참여

스탠드업 코미디언 또는 쇼의 진행자가 관객들에게 말을 거는 것. 관객의 인상착의를 놀리거나, 어떤 질문을 던진 후 나온 답변을 가지고 조크를 만들어가는 거야. 헤클러는 허락받지 않고 제멋대로 떠드는 예의없는 것이지만, 크라우드 워크 때는 관객이 적극 참여해야 공연 진행에 도움이 돼.

- **핵**hack

1차원적이고 수준 낮은, 혹은 뻔한 코미디를 펼치는 스탠드업 코미디언을 비하하는 말. '진부하다'는 뜻의 'Hackneyed'에서 유래되었다고.

예) 그 녀석의 스탠드업 코미디는 진부해.

He's a hack.

- **밤**bomb

폭망. 말 그대로 '폭탄이 투하된 것처럼' 관객석의 반응이 잠잠하고 고요할 때, 혹은 웃음소리가 거의 없을 때를 말해.

예) 나 공연 완전 망했어.

I totally bombed at that show.

- **킬**kill

말 그대로, '죽여주는' 코미디 공연을 선보이는 것.

예) 그녀의 코미디 공연은 최고였어.

She killed.

- **빗**bit, 복수형은 bits

직역하면 '한 토막'이라는 뜻인데, 스탠드업에선 어떤 주제에

대한 일련의 조크를 뜻해. 예를 들어, '수영장 빗swimming pool bits'
이라고 하면, 수영장과 관련된 한 개 이상의 조크를 말하는 거
지. 한 문장으로 끝날 수도 있고, 그 주제에 관한 농담이 더 이
어질 수도 있어.

- **셋**Set

코미디언이 한 공연에서 펼치는 퍼포먼스 내용. 예를 들어 '5
분짜리 셋'이라고 하면 5분 공연에서 선보이는 농담들을 통틀
어 말하는 거지.

> 예) 내 10분짜리 셋은 수영장 조크로 시작해 남자친구 조크로 끝낼 거
> 예요.
> I'm going to open my 10 minute set with the swimming
> pool bit, and close with boyfriend bit.

03

스탠드업 코미디의
탄생 & 폭풍 성장 스토리

STANDUP NOW
NEW YORK

스탠드업 코미디는 나름 역사가 있는 예술 장르야. 음, 레에술이라니, 갑자기 너무 진지하지? 어쨌든 스탠드업은 재즈 음악과 더불어 가장 미국적인 문화 예술로 여겨져. 영국 BBC방송에서 방영했던 스탠드업 다큐멘터리에서 한 영국 코미디언이 "스탠드업의 모국어는 영어가 아닌 '미국말American'" 이라고 말하더라고. 바로 스탠드업이 미국에서 시작하고 꽃 피웠기 때문이지.

　　스탠드업 코미디는 판소리나 발레 같이 전수할 수 있는 정해진 레퍼토리가 있는 건 아냐. 코미디언에 따라 공연 내용이 완전히 달라지는 자유로운 1인 퍼포먼스 예술이지. 하지만 나름 고유의 형식은 있어. 정확하게 짜여진 대사를 거의 그대로 읊는 일인극과는 다르니 꼭 구분할 것! 끊임없이 조크를 하며 관객과 소통하는 형식은 꼭 지켜야 해.

참, 무대 세팅 또한 고정이야. 기본 구성은 마이크, 마이크 스탠드, 등받이 없는 스툴(의자). 책 표지에도 등장한 이 세 가지는 스탠드업의 상징으로, 제대로 된 코미디 클럽이라면 꼭 갖춰야 하지.

스탠드업의 시작은 마크 트웨인이었다

그럼 대체 스탠드업 코미디는 언제 생겨났을까? 우리가 현재 즐기는 이런 형식의 스탠드업 코미디가 언제부터 시작됐는지 간단히 짚고 넘어가보자구.

브리태니커 백과사전에는 스탠드업 코미디의 기원이 마크 트웨인Mark Twain이라고 되어 있어. 미국인이 가장 사랑하는 작가, 알지? 〈톰 소여의 모험The Adventures of Tom Sawyer〉과 〈허클베리 핀의 모험The Adventures of Huckleberry Finn〉을 쓴 그 사람이야.

"정치가들과 기저귀는 같은 이유로 자주 갈아야 한다." 그리고 "나는 죽음이 두렵지 않다. 내가 태어나기 전 수십억 년 동안 죽은 상태였지만, 하나도 불편하지 않았기 때문에." 같은 재치 있는 유머로 유명하지. 마크 트웨인이 1800년대 말 미국 전역을 순회하며 코미디 강의를 했는데, 그때 이런 재담이나 웃긴 일화를 중간중간 넣었던 게 시초인 거지.

20세기 초 보드빌(vaudeville, 춤과 노래 등을 곁들인 복합 엔터테인먼트 공연)에서도 코미디를 하기 시작해. 보통 공연자들이 정해진 코미디 연기를 하는 게 전부였지만, 간혹 미리 짜놓은 내용에서 벗어나 관객에게 말을 걸거나 즉석 멘트를 하는 진행자와 코미디언도 있었어.

그 왜, 안경에 코랑 콧수염이 붙은 분장 안경 알지? 정식 이름은 '그루초 안경Groucho glasses'인데, 코미디언 그루초 막스Groucho Marx를 모델로 만들었기 때문이야. 막스도 이런 보드빌 출신 코미디언이지. 어쨌든 관객을 좀 더 효과적으로 웃기기 위해 보드빌 코미디언들은 서서히 조크를 전제-펀치라인 형식으로 만들어갔어.

'스탠드업 코미디'라는 말이 최초로 등장한 건 1917년 미국의 한 지역 석간신문 〈요크셔 이브닝 포스트Yorkshire Evening Post〉로 기록되어 있어. 기사에서 피널리 던Finaly Dunn이라는 퍼포머를 '스탠드업 코미디언'으로 소개한 게 최초인데, 신문에 이 단어가 실릴 정도면 사람들이 그 이전부터 '스탠드업 코미디'라는 용어를 이미 쓰고 있지 않았나 싶어.

1930년대부터 스탠드업 코미디가 눈에 띄게 발전하기 시작해. 이 시기 뉴욕의 인기 휴양지인 캐츠킬 마운틴 리조트Catskill

Mountain Resort에서 유대계 코미디언들이 공연하며 자신만의 스타일을 만들어갔는데, 여기에서 우주 대스타가 탄생하지. 바로 밥 호프Bob Hope야. 그는 수십 년간 '미국 코미디의 제왕' 자리를 지키며, 1939년부터 1977년까지 무려 열아홉 번이나 오스카 시상식을 진행했다구! 인기가 어느 정도였는지 짐작 가능하지?

이십대에 보드빌 진행자 겸 가수 겸 댄서로 엔터테인먼트 업계에 발을 들인 그는 명성을 얻어 라디오 방송 진행자가 되었고, 코미디 작가들을 고용해 매주 스탠드업 스타일의 신선한 조크를 전했어. 호프는 속사포 같은 전달력과 자기 비하 유머로 많은 사랑을 받았지. 애국심도 투철해 해외 주둔 미군 위문 공연을 57회나 다녔는데, 한국전쟁을 겪은 우리나라에도 방문한 적 있어.

인기 급물살을 탄 1950년대 레전드 코믹들

1950년, TV에서 〈에드 설리번 쇼Ed Sullivan Show〉가 코미디언 데뷔의 장으로 여겨지며 스탠드업 코미디가 오늘날과 같은 형태를 갖추는 동안, 뉴욕 밤거리에는 새로운 바람이 불어와. 이 뉴웨이브를 주도한 코미디언은 모트 살Mort Sahl. 당시 대다수의 스탠드업 코미디언이 기계적으로 조크를 날리는 식이었다면, 그는 관객과 진짜로 대화하는 방식으로 공연을 펼쳤어.

돌돌 만 신문을 한 손에 들고 스툴에 앉아 친구와 얘기하듯 쇼를 진행했지. 모트 살은 조크가 아닌, 정치인이나 대중문화를 신랄하게 비꼬는 코멘트를 날렸어. 그의 스마트한 조크는 힙스터들에게 잘 먹혔고, 1950~60년대 그의 공연을 녹음한 앨범은 날개 돋친 듯 팔려나갔지.

이 시기에 엣지와 실력을 갖춘 코미디언이 대거 등장하는데, 누가 뭐래도 레니 브루스Lenny Bruce가 가장 빛나는 별이야. 아무도 감히 건드리지 못하던 종교 단체들을 노골적으로 비웃는 한편, 섹스와 마약에 대한 얘기도 마구 지껄였지. 공연 무대에서 하면 안 되는 욕설을 내뱉었다가 여러 차례 체포되고 법정 다툼에 휘말리기도 하는 등, 그야말로 스탠드업계의 악동이었어. TV 방송국들은 그를 철저히 무시했고.

하지만 그러건 말건 브루스는 더욱 자유롭게 외설로 채운 쇼를 선보였고, 그를 사랑하는 추종자들이 생겨났지. 그러다 마흔 살이 되던 1966년, 브루스는 약물 과다 복용으로 사망하여 그대로 전설로 남았어. 그의 삶과 죽음은 적지 않은 코미디언들에게 영향을 미쳤고, 이들은 그 뒤를 이어 격동의 1960년대 말 사람들을 유머로 위로하고 일깨우게 된다고.

1960년 등장한 조지 칼린은 코미디 덕후들의 가슴을 뛰게 하는 이름이야. '가장 위대한 스탠드업 코미디언' 리스트에서 늘 리처드 프라이어와 1, 2위를 다투는, 최고의 코미디언이지. 다들 한번쯤은 인터넷에서 한글 자막이 달린 그의 공연 영상을 본 적 있을 것 같은데?

뉴욕 카네기 홀Carnegie Hall에서 공연을 시작하며 "왜 낙태 반대 집회에 나오는 사람들은 애초에 아무도 섹스 안 해줄 것 같이 생긴 인간들뿐이지?" 같은 조크를 던지는, 죽을 때까지 코미디의 최전방에 선 사람이지.

비슷한 시기에 인기를 얻은 리처드 프라이어도 조지 칼린과 함께 코미디 황금기를 여는 데 큰 역할을 했어. 흑인인 프라이어는 처음엔 말쑥한 모습으로 TV에 나오는 코미디언이었지만, 1970년대 초부터 인종 관련 농담부터 포주, 마약중독자 같은 캐릭터를 즉흥 연기하며 코미디의 날을 날카롭게 세우고 열광적인 인기를 얻었지.

베트남전을 거치면서 그 시대의 스탠드업 코미디는 락 음악만큼이나 사람들의 목소리를 대변하는 공연 장르가 되었어. 뉴욕과 LA에 스탠드업 코미디 클럽이 우후죽순 생겨나기 시작했고, 스탠드업 코믹을 꿈꾸는 젊은이들이 이곳에 몰렸지. 앞 챕터에서 말한 '오늘날 돈을 가장 많이 버는 제리 사인펠드'

스탠드업 코미디의 황금기를 연 리처드 프라이어 ⓒ넷플릭스 제공

도 이 시기에 등장해 관찰형 코미디(observational comedy, 일상을 신선한 관점으로 보고 조크를 만드는 코미디)의 일인자로 우뚝 서게 돼.

스탠드업의 황금기, 1970년대

1972년, 코미디언 폴 쇼어Paul Shore와 아내 미치 쇼어Mitzi Shore는 '코미디 스토어The Comedy Store'라는 코미디 클럽을 세웠어. 이 곳은 신인을 발굴하는 한편, LA에서 촬영하는 〈조니 칼슨의 투나잇 쇼Tonight Show with Johnny Carson〉에 실력파 코미디언들을 조달하는 에이전트 역할을 했어. 특히 미치 쇼어는 남자들에 비해 커리어를 쌓기 어려웠던 여성 코미디언들을 위한 쇼 룸을 따로 만들어 지원하는 등, 선견지명을 가진 코미디의 대모로 추앙받았지.

오늘날 코미디 스토어는 여전히 스탠드업 코미디계에서 가장 위상 높은 클럽이고, 매일 모든 공연이 매진되는 인기를 누리고 있어. 미치 쇼어 여사는 2018년 4월에 87세를 일기로 사망했는데, 그녀 덕분에 커리어를 시작한 코미디언들의 추도 물결이 소셜 미디어를 휩쓸기도 했어.

1970년대는 스탠드업 코미디의 황금기로 꼽혀. '국민 토크

쇼'였던 〈조니 칼슨의 투나잇 쇼〉에 나와 강한 인상을 남긴 스탠드업 코미디언은 곧바로 몸값이 치솟고, 전국 순회 공연을 하며 유명세를 쌓았어. 인기 스탠드업 코믹은 자기 이름을 딴 시트콤 계약을 하거나 TV토크쇼의 호스트로 발탁되면서 성공 가도를 달렸지.

이 시기에는 위에 언급한 조지 칼린과 리처드 프라이어를 비롯해 스티브 마틴, 데이비드 레터맨, 제이 레노, 로빈 윌리엄스, 앤디 커프맨Andy Kaufman 등 자기만의 방식으로 코미디 역사에 한 획을 그은 코믹들이 나타났지. 1990년대엔 시장이 포화되어 소규모 클럽들이 주루룩 문을 닫는 등 약간 주춤하는 시기도 있었지만, 계속 새로운 아이디어를 실험하는 코미디언들 덕에 스탠드업의 가지는 오늘날까지도 잘 뻗어나가고 있어.

1971년에 채택된 미국 수정헌법 제 1조는 표현의 자유를 보장한다는 내용을 담고 있어. 진정 미국을 미국답게 만드는 조항이지. 하지만 제아무리 미국이라도 예술에서 표현의 자유가 무한정 허용된 건 아니야. 위에 말한 것처럼, 레니 브루스는 욕설을 했다는 이유로 체포되어 법정에 섰고, '더러운 일곱 단어'를 공연 중 말한 조지 칼린도 공연 후 체포됐어.

그렇지만 반전이 있다구. 1972년, 조지 칼린의 사건을 맡은 판사는 "칼린의 언어는 분명 외설적이나, 그에겐 표현의 자유가 있다"는 논리로 사건을 기각시켜. 이 판결은 이후 수많은 코미디언들이 이전엔 금지되었던 영역을 탐험하는 데 결정적인 역할을 했어.

만약 브루스나 칼린 같이 한계를 시험한 이들이 없었다면 어땠을까? 종교, 마약, 섹스, 사회 부조리 등 온갖 주제를 넘나드는 오늘날의 유머는 없었을지도 몰라. 생각의 지평을 넓혀준 이들에게 고마워해야겠지?

다양한 미디어에 올라탄 스탠드업

2018년 현재, 스탠드업 코미디는 다시 한번 치솟은 인기를 누리고 있어. 대략 2009년부터 스마트폰의 대중화, 인기 코미디언의 팟캐스트 출연, 넷플릭스의 탄생 등 유리해진 환경 덕에 언제 어디서나 스탠드업 코미디를 감상할 수 있게 되었지.

코미디언들은 트위터에서는 140자 조크로, 인스타그램에선 무대 뒤 풍경을 공유하며 팬층을 키웠어. 스마트폰으로 스탠드업 코미디를 즐기고 싶어하는 사람이 늘어난 만큼 스탠드업 코미디는 잘팔리고 있지.

트럼프가 대통령이 된 것도 코미디언들이 주목받는 데 큰 역할을 했어. '가짜 뉴스'로 언론이 오염된 시기, 오히려 코미디가 진실을 말하는 '시대의 양심' 취급을 받기도 하거든. 거짓말은 물론이고 중언부언을 일삼는 데다, 트위터로 화풀이 하는 대통령을 뉴스에서 진지하게 다루기도 참 쉽지 않잖아? 코미디언은 트럼프 행정부의 우스꽝스러움을 단숨에 드러내며 웃음까지 주니, 대중에게 인기가 있을 수밖에.

스탠드업에 대한 대중의 뜨거운 관심을 반영하듯, 2017년엔 스탠드업 코미디를 주제로 한 TV 드라마 시리즈가 세 개나 제작되었어.

작품마다 시대 배경이 1950년대 말, 1970년, 그리고 2010년 대로 제각기 다르기 때문에 더욱 흥미로워. 앞서 설명한 스탠드업 코미디의 역사를 생생하게 보여주는 작품들이니, 한번 들여다보자.

마블러스 미세스 메이즐 Marvelous Mrs. Maisel **(Amazon Prime, 2017~)**

〈길모어 걸스Gilmore Girls〉를 제작한 에이미 팰러디노Amy Palladino의 야심작으로, 아마존의 스트리밍 서비스 '아마존 프라임'에서 제작했어. 배경은 1950년대 말 뉴욕. 살림을 똑부러지게 꾸려나가던 젊은 주부 미리암 '미지' 메이즐은 남편의 급작스런 외도 고백에 삶이 뒤집어져.

메이즐은 남편이 떠난 날, 술에 잔뜩 취해 어쩌다 오른 코미디 클럽 무대에서 박살난 자기 인생을 주제로 스탠드업 공연을 끝내주게 펼치고, 감각 있는 여자 매니저에게 스카웃 제의를 받지. 주어진 역할을 수행하며 안락하게 살던 여성이 뜻밖의 재능을 발견하고, 결국 자기가 누군지 찾아나가는 이야기야.

이 드라마는 신선한 주제, 짜임새 있는 연출, 주인공 레이첼 브로스너핸Rachel Brosnahan의 탁월한 연기로 인기와 작품성을 다 잡았지. 자기가 스탠드업을 원하는지도 몰랐던 사람이 어떻게 스탠드업 코미디 무대를 만들어 나가는지의 과정이 꽤 설득력 있게 전개 돼. 앞서 언급했던 레니 브루스도 주인공에게 힘을 실어주는 인물로 나온다구. 전체적으로 톤이 밝고 발랄해서 보는 내내 미소를 짓게 될 거야. 강력 추천!

아임 다잉 업 히어I'm dying up here(Showtime, 2017~)

스탠드업 코미디의 황금기였던 1970년대, LA 최고의 코미디 클럽인 '골디스Goldie's'를 배경으로 꿈을 찾아 떠나온 스탠드업 코미디언들의 성장기를 다룬 드라마야. 실제로 골디스라는 클럽은 존재하지 않는데, 아까 말한 코미디 클럽 '코미디 스토어'와 그 안주인 미치 쇼어를 모델로 하고 있지.

총괄 프로듀서는 바로 짐 캐리Jim Carrey! 짐 캐리도 미치 쇼어의 눈에 띈 덕분에 코미디를 시작했거든. 그래서 이 드라마 시리즈를 스탠드업 코미디에 바치는 헌사로 생각한대. 짐 캐리는 한 인터뷰에서 이렇게 말했어.

"이 쇼는 창의적이고 훌륭한, 그리고 절박한 사람들이 고통을 아름다운 것으로 바꾸는 이야기예요. 내 꿈이 탄생한 장소에 대한 예찬을 보내는 한편, 당시의 간절함과 환희, 폭력 같은 것을 구현하고 싶었죠."

중간중간 스탠드업 관련 명언이 나와서 좋지만, 구성이 좀 산만하고 지루하게 느껴지는 것도 사실이야. 그래도 스탠드업 팬이라면 그런 부분은 과감히 스킵하고, 고군분투 중인 초짜 코미디언에 감정을 이입해 1970년대 미국 코미디 신을 바라보는 것도 나쁘지 않을 거야.

여자는 재미없다고? 아니, 여자들은 탁월한 유머 감각이 있어. 너랑 섹스한 여자가 있다는 사실만 봐도 그렇잖아?
Girls are funny, too. We have a great sense of humor. Just ask the girls who you slept with.

진짜 웃음이 뭐냐고? 카타르시스가 느껴지는 경험이야. 코미디언이 진실을 전할 때 관객들 사이로 흐르는 전류 같은 거지.
Real laughter? It's cathartic. It's the current that moves through an audience when some truth is revealed.

무대에 올라. 네가 하고 싶은 말이 뭔지 정해. 혈관을 열어 젖히고 그냥
말해버려.

Get your ass on that stage. Figure out what it is that you have
to say. Open a vein, and fuckin' say it.

크래싱Crashing(HBO, 2017~)

주의! 똑같은 이름의 영드가 있는데 그거랑 완전히 다른 작
품이야. 〈크래싱〉은 스탠드업 코미디언을 꿈꾸는 평범남 피트
가 아내의 불륜 장면을 목격한 후, 충격 받아 그간의 삶을 정리
하고 뉴욕으로 와 스탠드업 무대에 도전하는 내용이야. 현직
스탠드업 코미디언 피트 홈즈Pete Holmes가 주연으로, 본인의 삶
과 경험을 기반으로 이야기를 들려주지.

참, '크래싱'은 친구 집에서 하룻밤 묵으며 잠자리를 때운다
는 뜻이야. 집도 절도 없는 피트가 이집, 저집 전전하며 꿈을
향해 달려가는 걸 한 단어로 압축한 제목이지. 이 드라마는 오
리지널 스탠드업 덕후, 영화 〈마흔살까지 못해본 남자The 40-Year-
Old Virgin〉의 주드 애퍼토Jude Apetow 감독이 담당했어.

뉴욕의 실제 유명 코미디 클럽은 물론, 이제는 사라진 우울
한 소규모 클럽도 세트로 부활시켜 생생한 현장감을 더했지.
거기에 현직 스탠드업 코미디언들이 대거 카메오로 출연해 한

명 한 명 찾아보는 재미가 있어. 본편과 별개로 웹에 공개하는 짧은 인터뷰 영상에서는 코미디언들이 커리어 초창기의 절실함에 대해 말하기도 해.

처음 몇 달 동안은 차에서 잤어요. 오전, 오후, 저녁 아르바이트 일이 따로 있었죠. 밤에는 동전을 모아 산 캐나다 미스트 위스키를 마시고 잠을 청했어요. (…) 그래도 코미디가 너무 좋았죠.

I slept in my car. I did that for a couple months. I had a morning job, an afternoon job, and a night job. In order to go to sleep, I would pool my quarters together and buy a pint of Canadian Mist whiskey, and I'd drink that to go to sleep. (...) But I love comedy.

— 헨리 저브로우스키(Henry Zebrowski, 미국 코미디언)

에어 매트리스에서 잤는데 빈대 투성이였죠. 에어 매트리스에 어떻게 빈대가 생기는지 알 수 없지만, 어쨌든 그득했어요. 그래도 혼자 뉴욕에 와 있다는 그 자체로 행복했어요.

I used to sleep on air mattresses full of bed bugs. I don't know how bed bugs get in mattresses but they existed in mine. I didn't care. I was just so happy I was on my own in New York.

— 저메인 파울러(Jermaine Fowler, 미국 코미디언)

TV에서 한번도 본 적 없는 코미디의 이면을 보여주려는 시도예요. 처음 스탠드업 코미디를 시작했을 때 그 거지 같은 상황에 대한 드라마죠. (…) 코미디는 온갖 걸 다 겪게 해요. 이 사람들은 코미디를 위해 평범한 삶, 안정적인 관계, 정기적 수입 같은 걸 포기하고 나서죠. 그만큼 무대 위에서는 정말 피를 흘리는 심정으로 공연해요.

Something that was really exciting about making this show was showing an aspect of comedy that we haven't seen on TV before, which is just how crappy is when you're starting out. (...) Comedy throws all these experiences at you. These guys have forgone a regular life, They've forgone a stable relationship, or steady income, because they're really bleeding on stage.

—피트 홈즈

한국에도 스탠드업이 있었다는 사실!

혹시 '스탠드업 코미디'를 '스탠딩 코미디'라고 알고 있지는 않았어? 스탠드업 코미디가 우리나라에선 '스탠딩 코미디'로 잘못 알려져 있기도 하거든. '서서 하는 코미디'니까 완전히 틀린 말은 아니지만, 정확한 표현은 스탠드업 코미디가 맞으니 이 책을 읽은 여러분은 헷갈리지 말아줘.

앞서 유병재를 '스탠드업의 문익점'이라고 했는데, 사실 우리나라에 스탠드업이나 시사풍자 유머가 아예 없던 건 아니야. 오히려 한번 정점을 찍었다가 서서히 자취를 감췄다는 표현이 맞겠지. 역사적으로 우리도 양반 계급을 희화화 하는 탈춤이나 광대놀이를 즐겼던, 유머를 아는 민족인 건 다들 알지?

하지만 암울했던 일제 강점기, 그리고 한국전쟁을 거치며 오랜 시간 웃음과 여유를 누릴 수 없었어. 1980년대에 들어서고 나서야 미국과 같은 형태의 스탠드업 코미디가 우리나라에서도 인기를 끌기 시작했지.

김형곤, 주병진, 자니윤 같은 코미디언들은 정치 및 사회 이슈를 주제로 코미디를 했어. 정통 스탠드업으로 미국의 심야 인기 토크쇼 무대에도 여러 번 섰던 자니윤은 우리나라에서 시도하기 힘든 성적·정치적 코드가 들어간 농담을 선보였지. 한국에 돌아와 자기 이름을 건 〈자니윤 쇼〉를 진행했는데, 엣지 있는 농담 덕분에 화제와 논란의 대상이 되었어.

〈자니윤 쇼〉 100회 특집 영상을 보면, 가수 현미가 축하의 말을 건네며 "기적적인 쇼 프로그램을 만들었다고 생각합니다. 너무나 대담하고, 너무 솔직하고, 있는 그대로를 보여주었기 때문이에요. 누가 뭐라고 하든 계속 밀고 나가세요."라고 해. 그러나 안타깝게도 1년 만에 종영하고 말았지.

1980년대, 개그계의 신사이자 국민 MC로 이름 날린 주병진은 〈일요일 일요일 밤에〉의 '일요진단' 코너에서 뉴스를 이용한 코미디로 시청자를 웃겼어. 이를테면, '걸프전이 장기화 되는 국면을 맞아 에너지를 절약할 수 있는 방법' 같은 주제로 패널과 농담을 했다니까. 상상이 잘 안 되지? 당장 이번주 일요일 밤 최고 인기 시간대에 TV를 틀었는데, 예능에서 연예인들이 '남북 정상회담을 앞두고 갖춰야 할 국민의 자세'를 이야기한다면 얼마나 어색할까?

믿거나 말거나, 이렇게 우리나라에도 한때 국내외 정세와 엔터테인먼트를 엮은 예능이 있었다는 사실! 궁금하면 유튜브에서 한번 찾아 봐. 세련미나 영상미는 비교도 안 되게 떨어지지만 새로운 시도라는 면에선 지금보다 전위적이라 생각해.

1980년대 가장 돋보였던 스탠드업 코미디언은 김형곤이야. '코미디의 황제' 혹은 '시사 코미디의 본좌' 같은 호칭이 과장이 아닐 정도로 완성도 있는 스탠드업을 선보였어. 2006년, 46세 젊은 나이에 심장마비로 세상을 뜰 때까지 계속 스탠드업 코미디 공연을 올리고 공연 실황을 담은 앨범도 발매하는 등 열정적으로 활동했지. 방송에 절대 나갈 수 없는 높은 수위의 성인 유머 및 시사 풍자가 그의 주요 소재였어.

유튜브에 공연 실황 오디오가 꽤 있는데, 들어보면 김형곤 본인이 스탠드업을 즐기는 게 생생히 느껴져. 물론 지금 들으면 여성 혐오적이고 시대에 뒤떨어진 농담도 꽤 많으니 잘 가려서 듣길. 어쨌든 10초마다 한 번씩 폭소를 선사하는 김형곤의 코미디는 미국의 스탠드업을 한국적으로 가장 잘 변주한 예라고 볼 수 있어.

하지만 권력자들의 위선과 모순, 우스꽝스러움을 짚어내는 코미디는 미운털이 박히게 마련. 스탠드업 코미디나 시사 풍자 프로그램은 언젠가부터 서서히 페이드 아웃되듯 공중파 채널에서 사라졌고, 이젠 거의 찾아보기 힘들어.

개그콘서트 같은 스케치 코미디 프로그램 안에서 스탠드업과 비스무리한 시도가 있긴 했지만, 엄밀히 말해 정통 스탠드업 코미디가 지속적으로 등장하는 경우는 없었지. 〈새터데이 나이트 라이브 코리아SNL Korea〉 등에서 약간의 풍자 코미디를 선보이긴 했지만, 권력자들에 대한 화끈한 조롱과 야유는 찾기 힘들었어.

미디어 밖에선 '토크 콘서트'가 한국형 스탠드업의 명맥을 간신히 이어가고 있다고 봐. 특히 코미디언 김제동의 토크 콘서트는 여러 해를 거치며 인기 있는 공연으로 자리잡았지. 하지만 정통 스탠드업 코미디라기보다 강연에 좀 더 가까운 형태고, 직접 보러 가지 않는 대중에겐 그 내용이 노출되지 않았어.

1990~2000년대, 이태원 등지나 부산의 외국인 거주 구역을 중심으로 스탠드업 코미디 쇼가 열리기도 했지만, 대부분 영어가 모국어인 사람들을 대상으로 한 공연이었어. 당연히 한국인 관객을 끌어들이지 못했지.

여담이지만 한국어 스탠드업과 영어 스탠드업은 차이가 굉장히 커. 영어 스탠드업이 백년에 가까운 시간 동안 다양한 시도를 통해 다듬어졌다면, 한국말로 하는 스탠드업 코미디는 이제 겨우 다시 자리를 잡아가는 중이니까.

한국 관객들이 농담의 수위를 어디까지 받아들일 수 있을지 계속 탐험하는 한편, 한국어의 존댓말에서 오는 거리감, 어순을 고려한 펀치라인의 배치 등 지속적으로 실험을 해 나가야 하니, 갈 길이 멀다고 볼 수 있어.

요즘 한국 코미디언들의 스탠드업

인터넷 통신망이 쫙 깔리고 스마트폰이 필수품이 되면서 우리나라에서도 엔터테인먼트를 소비하는 방법이 바뀌었지. 2016년 1월부터 국내 스트리밍을 시작한 넷플릭스는 단연 스탠드업의 국내 인기를 견인하는 데 한몫했어.

이전에도 루이스 블랙Lewis Black, 조지 칼린, 루이 C.K.Louise C.K., 빌 버Bill Burr, 완다 사이크스Wanda Sykes, 크리스 락 등 탑 코미디언들의 스탠드업 라이브 영상이나 스크린샷 모음이 자막을 달고 국내 주요 인터넷 커뮤니티에서 인기를 끌었는데, 이젠 넷플릭스를 통해 한 시간짜리 스페셜 영상을 한글 자막과 함께 온전히 볼 수 있게 된 거야. 번역하는 과정에서 조크의 재미가 살짝 퇴색하긴 하지만, 그래도 웃긴 건 웃긴 거니까. 영미권 관객들이 어느 정도 수준의 조크까지 수용하는지 보는 것도 흥미로울 거야.

2017년, 코미디언 유병재의 스탠드업 쇼 〈블랙 코미디〉의 영상이 유명해지면서 대중의 호기심이 더욱 커졌지. 라이브 무대를 못 본 사람들도 이제 넷플릭스에서 유병재의 스탠드업을 감상할 수 있어.

2018년 4월 말 3일 동안 열린 유병재의 두 번째 스탠드업 공연 〈B의 농담〉은 총 4,000석이 1분 안에 매진 될 정도로 인기를 끌었어. 이번 공연 역시 넷플릭스에 스트리밍 될 예정이고. 유병재가 인기 연예인인 만큼 화제가 되니까, 가면 갈수록 많은 사람들이 스탠드업에 관심을 갖지 않을까?

꼭 넷플릭스나 유병재가 아니더라도 이제 스탠드업이 존재감을 확실히 각인시킬 거란 생각이 들어. 정통 클럽형 스탠드

유병재의 본격 스탠드업 코미디 쇼 〈블랙 코미디〉

©넷플릭스 제공

업 코미디 쇼가 한국에도 생겼으니까. KBS 29기 개그맨 정재형, SBS 16기 개그맨 이용주와 김민수, 그리고 코미디언 박철현, 이 네 명이 모여 스탠드업 코미디 전문 레이블 '스탠바이 스튜디오'를 만들었어.

이들은 2017년 말부터 홍대 앞 클럽에서 〈스탠드업 라이브 코미디쇼(스라코)〉 시리즈를 계속해서 선보이고 있는데, 입소문을 타고 매 공연 매진을 기록 중이야. 스탠바이 스튜디오 전속 코미디언들의 본 공연 말고도 스탠드업 코믹을 꿈꾸는 신인들에게 5분간 무대를 내어주는 '오픈 마이크'도 같이 운영해. 나도 스라코 오픈 마이크 무대에 서면서 짜릿함을 맛보았지.

스탠드업은 일인극처럼 열심히 암기하고 연습해서 되는 게 아냐. 관객들의 반응과 분위기, 웃음 코드에 맞춰 무대에서 공연 내용을 계속 편집해 나가는 게 굉장히 중요해. 그래서 신인들도 지속적으로 설 수 있는 무대가 절실한데, 매주 열리는 오픈 마이크 덕에 많은 코미디언 지망생들이 실력을 연마하고 있지.

이런 정기 공연 말고도 개인적으로 공연장을 대관해 스탠드업을 하는 사람도 꽤 많아. 다만 정말 괜찮은 스탠드업을 하려면 무대에 한 번 서는 걸로는 충분하지 않아. 잘하든 못하든, 반응이 좋든 나쁘든 계속해서 관객 앞에 서야 해. 이건 내 의견이 아니라 뉴욕에 있을 때 인터뷰한 20~30년 경력의 베테랑들이 해준 말이야.

어떤 코미디언은 이틀, 어떤 코미디언은 2~3주만 관객 앞에 서지 않아도 실력이 녹스는 걸 체감한대. 또 어떤 이는 "매일 스탠드업을 하지 않는다면 그건 스탠드업이 아니다"라는 말을 하더라고. 그만큼 실제 관객 앞에 끊임없이 서는 것만이 코미디 실력을 키우는 유일한 방법이라고 할 수 있지.

2018년 6월에는 우리나라 최초로 스탠드업 코미디 클럽이 생길 예정이야. 개인적으로, 그리고 스탠드업을 좋아하는 여러분에게 정말 기쁜 소식 아니겠어? 강남역 인근에 '코미디 헤이븐Comedy Haven', 즉 '코미디 안식처'라는 이름으로 문을 열 계획으로, 여기 대표 또한 스탠드업 코미디언이자 스탠드업 덕후야. 한국의 스탠드업 코미디언들이 성장할 수 있는 좋은 클럽을 만들고 싶다고 하더라고.

그리고, 엣헴, 여러분이 읽는 이 책, 〈스탠드업 나우 뉴욕－당신이 기다려 온 진짜 코미디〉는 '우리나라 최초의 본격 스탠드업 개론서'라는 사실! 이 책을 읽는 걸 뿌듯해해도 돼. 공식적으로 트렌드 세터이자 문화인임을 인증한 것이나 다름없으니까. '나만 알고 싶었던 스탠드업'이 국내 코미디의 중요한 기둥으로 자라는 그 시작점에 함께 서 있다고 생각하면 될 거야.

우리나라에 스탠드업 문화가 제대로 자리 잡으면 사람들이 사회 이슈에 대해 더 활발히 토론하게 되지 않을까? 코미디언과 관객 간의 관용도도 높아지고, 유머를 일상에서 더 자주 접하게 될 거야. 때론 '그 농담은 선을 넘었니, 안 넘었니' 등의 문제로 키보드 배틀이 일어나기도 하겠지만, 코미디언의 독창적인 사고는 분명 생각할 거리와 영감을 주겠지. 인터넷 포털 사이트의 인기 검색어 순위에서 스탠드업 코미디 키워드를 볼 수 있을 날이 머지않았다고!

04

스탠드업 덕후,
뉴욕 코미디 무대에
도전하다

STANDUP NOW
NEW YORK

웰컴 투 뉴욕. 정말?

2018년 3월 5일, 나는 뉴욕 존 F. 케네디 공항에 도착했어. 갑자기 웬 뉴욕이냐고? BBC방송 다큐멘터리에서 한 코미디언이 '스탠드업의 모국어는 미국말American'이라고 했다는 대목 기억해? 맞아, 스탠드업의 메카는 미국, 좀 더 정확히 말하면 뉴욕이야.

물론 LA도 뉴욕과 쌍벽을 이루지만, 관객이 까다롭기로 유명한 뉴욕이 스탠드업을 독하게 배우기엔 제격이거든. 이런 이유로, 나는 스탠드업 초급 과정을 듣기 위해 뉴욕으로 향했지.

뉴욕의 주요 코미디 클럽은 대부분 스탠드업 코미디 강좌를 운영해. 절박한 스탠드업 코미디언 지망생은 셀 수 없이 많으니 클럽들로서는 아주 괜찮은 수입원이지. 모집 인원과 기간 및 수업 스타일은 각각 다르지만 대체로 경력 있는 코미디언이 조크 쓰는 법 등 스탠드업의 기초를 알려주는 방식이야.

나는 그중에서도 뉴욕 스탠드업 신의 중심이자 코미디언들의 꿈의 무대인 코미디 셀러(Comedy Cellar, 줄여서 '더 셀러')에서 주관하는 스탠드업 코미디 초급 과정을 선택했어. 워낙 인기 있는 코스라 이메일을 여러 번 보내고 기다린 끝에 겨우 등록에 성공했지!

큰맘 먹고 뉴욕에 온 만큼 숨을 쉴 때도, 먹고 마실 때도 코미디 생각만 하리라 다짐했어. 두 달 동안의 일정은 코미디 셀러에서 수업을 듣고, 크고 작은 클럽에서 코미디 쇼를 보고, 코미디언을 인터뷰하고, 최대한 많은 코미디 공연장 무대에 직접 서는 것. 욕심 많지? 새로운 도전에 설레면서도 조금은 긴장해서 어깨에 힘이 바짝 들어가더라.

공항을 빠져나와 숙소로 가는 길. 뉴욕의 지하철은 지저분하기로 악명 높지. 제아무리 고급 갤러리나 명품 숍이 줄지어 선 거리라도 지하철 역사로 내려가는 계단에서 훅 올라오는 퀴퀴한 냄새는 어쩔 수 없더라고. 선로는 또 어찌나 더러운지, 고양이만한 쥐들이 뛰어다니더라니까?(…진짜야). 게다가 24시간 운영하는 지하철은 보수 공사 때문에 갑자기 다음 역에 멈추지 않고 지나치기 일쑤고.

뉴욕에 도착한 첫날부터 난 지하철에서 잊지 못할 뉴욕 환영식을 화끈하게 치렀어. 무거운 배낭을 잠시 내려놓고 벤치 위에 걸터앉은 찰나,

"이런 X!"

소름끼치는 축축함이 양 허벅지 아래쪽에 느껴졌지. 신이시여, 제발! 뭔지 모르지만 생수나 커피, 아니면 전날 내린 눈이 녹은 것이길 간절히 빌었어.

하지만 일이 그렇게 쉽게 풀릴 리 없잖아? 아니나 다를까, 지하철에 오르자마자 쿼퀴한 냄새가 스멀스멀 올라왔어. 최악의 상상을 하며 손가락으로 엉덩이를 톡톡 두드려 코에 갖다 대는 순간 훅 끼치는 비릿한 향. 그건 소변이었어. 손가락 마디마다 풍기는 지린내가 마치 이 풋내기를 비웃으며 "뉴욕에 온 걸 환영해."라고 속삭이는 것 같았지.

아는 사람 하나 없는 뉴욕 한복판에서 갑자기 눈물이 날 것 같았지만, 한편으론 웃음이 나왔어. 나는 코미디를 하러 왔잖아? 이런 소재가 제 발로 걸어와 내 엉덩이 아래 턱 앉아줄 줄이야.

눈물은 넣어두고, 이걸 어떻게 재밌는 조크로 승화시킬까 생각했지. 허벅지에 묻은 이 역겨운 액체가 섬유를 통과해 점점

엉덩이 사이로 번져오는 상황. "시간차 성추행을 당하는 기분이었죠. '제발 성기만은 건드리지 말아줘. 제발!' 속으로 아무리 외쳐도 속수무책이었어요."라는 조크로 풀어내면 어떨까?

난 그렇게 뉴욕 생활을 시작했어.

코미디 셀러의 스탠드업 코스

인생에서 필요한 것 대부분은 배우면 좀 더 잘하게 된다지? 그러나 과연 배워서 남을 더 잘 웃길 수 있을까? 이 점에 대해선 반신반의했어. 내가 존경하는 스탠드업 코미디언 중 고미디 수업을 듣고 커리어를 시작한 사람은 거의 없거든.

그럼에도 불구하고 이 수업을 듣고 싶던 가장 큰 이유는 바로 과정 마지막에 코미디 셀러 무대에서 공연할 기회가 주어진다는 거야. 그것도 두 번씩이나! 내가 경외해 마지않는 코미디언들이 모두 섰던 그 무대에서 사람들을 웃길 수 있다고? 낙찰. 이게 결정적 이유였지.

수업은 코미디 셀러가 아닌 플랫 아이언 디스트릭트Flatiron District의 뉴욕 콘서바토리New York Conservatory for Dramatic Art에서 매주 월요일 밤에 있었어. 수강생은 여자 다섯 명에 남자 다섯 명, 나이는 만 스무 살부터 마흔 살까지 다양했어. 한 명씩 돌아가

뉴욕 스탠드업 신의 중심이자 모든 코미디언의 꿈의 무대인 코미디 셀러

면서 자기소개를 했는데 모델, 엔지니어, 대학생, IT전문가, 부동산 중개업자 등 직업군이 무척 다양했고, 수업을 들으러 온 계기도 모두 달랐지.

그래도 이들 대부분이 주변에서 "너 진짜 웃겨."라는 말을 꽤 들어본 사람들이야. 나같이 스탠드업 코미디언이 되고 싶거나 잊지 못할 추억을 만들고 싶어서 온 사람도 있고, 애인이 깜짝 선물로 수업을 등록해줘서 온 친구도 있었지.

강사는 코미디언 경력 25년의 베로니카 모지Veronica Mosey. 뉴욕의 탑 코미디 클럽에서 활동하는 코미디언이야. 스탠드업 코미디언의 능력은 객관화하기 힘들지만, 일단 뉴욕에서 명성 높은 클럽인 코미디 셀러나 캐롤라인스 온 브로드웨이Caroline's on Broadway, 고담 코미디 클럽Gotham Comedy Club 등에 정기적으로 출연한다면 꽤 실력자라고 보면 돼. 베로니카는 금, 토 인기 시간대에 이 클럽에서 공연하는 베테랑 스탠드업 코미디언이고, 코미디 작가로도 다양한 프로젝트에 참여한 경력이 있어.

셀러의 초급 코스 최종 목표는 '7주 후 단단한, 오리지널 소재의 5분짜리 스탠드업 루틴 완성하기'야. 에게? 겨우 5분? 두 달에 걸쳐 겨우 5분짜리 조크를 완성한다고? 맞아. 사실 무대 위에서 단 1초도 낭비하지 않는, 정말 괜찮은 셋을 짜는 건 쉬운 일이 아니거든.

수십 년 동안 활동한 코미디언들도 1시간짜리 새로운 공연은 1년에 한 번 겨우 완성할까 말까 해. 단순히 말을 늘어놓는 게 아니라 조사 하나, 음절 하나 철저히 분석해서 군더더기라곤 없게 해야 하거든. 조각가처럼 깎고 또 깎아 작품을 완성하는 예술이지.

진지하고 집요한 자세로 조크 만들기

조크를 쓰려면 일단 뭐가 훌륭한 조크인지 알아야겠지? 셀러 수업에선 코미디언들의 공연 영상을 보며 각각의 조크 스타일을 분석했어. 로드니 대인저필드, 로잰 바, 루이 앤더슨Louie Anderson, 제리 사인펠드, 루이스 블랙, 조안 리버스Joan Rivers, 엘렌 드제너러스, 미치 헤드버그, 야콥 스미르노프Yakov Smirnoff…

나도 스탠드업 쇼를 볼 만큼 본 편이지만, 서른 명쯤 되는 탑 코믹들의 쇼를 1분씩 편집해 이어 붙인 영상을 보니 색다르더라. 짧은 시간 동안 어찌나 많은 웃음을 선사하던지, 무림 고수의 칼솜씨를 보는 듯했어.

이 편집 영상의 교훈? 이름 난 코미디언은 각자의 개성과 목소리가 확실하다는 것! 그러니 스탠드업을 잘하려면 자기 고유의 관점과 태도를 만들어야 한다는 거야.

하지만 서두르지 말아야 해. 베로니카는 고작 7주 안에 자기 고유의 색깔을 찾는 건 절대 불가능하니 기대하지 말라고 말했어. 코미디언으로서 확고한 자기 스타일은 몇 년에 걸친 경험, 그리고 수백 회의 공연을 통해서만 얻을 수 있다면서.

어쨌든 자기 개성을 찾는 것의 시작은 나의 직감gut-feeling, 즉 뇌를 거치지 않고 뱃속에서 바로 올라오는 본능적인 반응을 예의 주시하는 거야. 베로니카는 이어서 말했지.

"어떤 상황에 처했을 때 자신이 느끼는 감정을 탐구해야 해요. 언제 내 기분이 가장 크게 요동치는지, 무엇이 나를 짜증나게 하고 걱정케 하는지, 우리 가족은 어떤 사람들인지, 내 성장 환경은 어땠는지… 이런 질문을 하며 자신이 어떤 사람인지 파고 들어가면 내 진정한 캐릭터가 보일 거예요."

스탠드업은 철저히 관객의 반응으로 평가받는 엔터테인먼트지만, 아이러니하게도 관객에게 잘보이려면 내 자신의 감정에 집중해야 해. '이런 조크가 먹히겠지?', '이렇게 말하면 사람들이 좋아하겠지?'라고 생각하고 시도하면 안 통한다는 거야. 설령 어찌어찌 해서 인기를 얻더라도 오래 가지 않고 말이야.

내가 진짜 재미있다고 생각하는 것, 그리고 나만의 아이디어를 선보일 때 비로소 말에 무게가 실리고 관객의 웃음을 이끌어낼 수 있다는 사실! '네 자신을 알라'는 코미디에도 적용되는 거지.

이 조언을 들으며 수강생들은 아래와 같은 문장을 완성했어.

나는 ＿＿＿＿＿＿＿할 때 화가 난다.

왜냐하면 ＿＿＿＿＿＿＿.

나는 ＿＿＿＿＿＿＿가 두렵다.

왜냐하면 ＿＿＿＿＿＿＿.

나는 ＿＿＿＿＿＿＿한 사람들을 보면

＿＿＿＿＿＿＿ 기분이 든다.

다른 사람과 다른 내 특징은

＿＿＿＿＿＿＿다.

이런 방식으로 적어 내려가니 내가 어떤 사람인지 알아내는 데 도움이 되더라고.

같이 수업을 들은 친구들이 완성한 농담을 예로 들어볼게. 프랑스 억양이 강하게 묻어나는 영어 발음을 구사하는 프랑스인 친구가 만든 조크야.

"보시다시피 전 프랑스인인데요, 뉴욕에 와서 보고 놀란 게 있습니다. 예를 들면 일부일처제monogamy 같은 것 말이죠."

— 개리 세본(Gary Scetbon, 코미디 셀러 수강생)

프랑스인들에 대한 편견 중 하나가 '애인이 여러 명 있거나, 결혼을 했어도 바람을 피운다'는 것인데, 그 편견을 가져다가 펀치라인으로 만든 조크지.

한 쿠바계 미국인 학생은 자신을 이렇게 소개해.

"전 쿠바 출신입니다. 네, 저 같은 색깔도 쿠바인일 수 있어요."

— 에반 헤르난데스(Evan Hernandez, 코미디 셀러 수강생)

이 친구는 밝은 피부색의 백인 같은 외모인데, 사람들이 보통 '쿠바 사람'이라고 하면 어두운 피부 톤을 생각하기 때문에 그걸 비틀어 표현했어.

실제 스탠드업 무대에서도 흔히 이런 식으로 자기 외모나 특징에 대해 언급하는 걸로 공연을 시작하곤 하지. 관객과 처음 만났을 때 가장 먼저 눈에 들어오는 게 외모이고, 그걸 재미있게 언급하고 넘어가면 효과적이니까.

이후 7주간의 수업을 한 마디로 요약하면 이게 전부라고 해도 과언이 아냐. '남과 다른 나' 또는 '나의 관심사'를 어떻게 하면 웃기게 표현할 수 있을까를 계속 연구했거든. 동료 수강생들에게 조크를 만들어 들려주고, 피드백을 받고, 말을 더하고 빼며 1분, 3분, 5분짜리 조크를 쌓아나가는, 수업이라기보다 워크숍에 가까운 과정이었지.

오늘의 숙제, '뉴스 기사로 조크 만들기'

코미디 수업 중 유독 어려웠던 숙제는 뉴스 기사를 소재로 1분짜리 조크를 써오는 거였어. 뉴스가 좋은 소재인 이유는 매일 많은 양이 쏟아져 나온다는 점, 그리고 많은 사람들이 그 정보를 공유한다는 점이야. 뉴스는 시간이 지나면 다시 사용하기 어렵지만 그때그때 조크 쓰기 훈련으로는 최고지.

시사 풍자는 미국 코미디의 핵심 축인 데다 심야 토크쇼는 이것의 교과서라고 볼 수 있어. 스티븐 콜베어Stephen Colbert, 트레버 노아Trevor Noa, 세스 마이어스, 사만다 비Samantha Bee 등 최고의 코미디언이 그날의 뉴스를 브리핑하며 이에 짝을 이루는 조크를 던져. 예를 들면, 남북정상회담이 세계 탑 뉴스였던 날의 농담은 이거야.

(김정은이 탄 리무진을 경호원들이 에워싸고 달리는 장면을 틀어주며)

이상하지 않아요? 운동이 제일 절실한 사람은 차에 앉아 있잖아요.

It's weird that the one person who could actually use the exercise is the one in the car.

— 〈지미 팰런의 투나잇 쇼 The Tonight Show Starring Jimmy Fallon〉

트럼프 대통령이 2018년 WHCD에서 자신을 웃음거리로 만든 미셸 울프 Michelle Wolf에게 분노해 트위터에 독설을 남긴 날엔 이렇게 비꼬지.

코미디언 미셸 울프는 이날 저녁 언론인과 정치인들을 조롱했어요. 트럼프 대통령이 화난 건 당연하죠. 그건 원래 트럼프가 맡은 분야거든요.
During the dinner, she mocked journalists and politicians. So you can see why Trump was upset. She's stealing his act.

— 〈제임스 코든의 레이트 레이트 쇼 Late Late Show with James Corden〉

심야 토크쇼 작가들은 매일 회의에서 그날의 뉴스에 대한 조크 아이디어를 한데 모으고, 그중 가장 재미있는 걸 추려. 이들은 시사 조크의 패턴과 리듬에 통달한 달인이지.

미국 〈새터데이 나이트 라이브 SNL〉의 주말 뉴스 메인 작가 알렉스 베이즈 Alex Baze는 한 인터뷰에서 자신이 조크를 어떻게 만드는지 말했어.

"이 기사에 대해 내가 하고 싶은 말이 뭔지 자문하고, 답을 찾으면 그걸 최고로 똑똑하게 표현할 수 있는 방법을 고민한다."

그러면서 기사를 반복해서 읽으며 다양한 관점을 찾으려 노력한대. 기발한 조크가 한번에 바로 안 나와도 계속 무언가 써내려가는 게 중요하다고 하더라고.

셀러 수업에서는 수강생이 한 명씩 차례로 준비해온 조크를 읽어. 1명당 15분이 주어지는데, 그동안 강사와 다른 수강생들이 그 사람의 조크를 펀치업(punch up, 조크를 더 재미있게 살림)할 수 있는 제안을 자유롭게 던지며 조크를 발전시켜. 코미디 작가 회의와 비슷한 형식이지.

아무도 안 웃는다 해도 내가 즐기는 게 우선

내가 만든 시사 조크는 3월 초 화제가 된 북한의 트럼프 대통령 방북 초청 및 백악관의 수락과 관련된 거였어. 김정은과 트럼프, 두 '광인'의 만남을 주제로 한 이 조크는 볼품없고 지루하기 짝이 없었지. 어쨌거나 내 순서에서 이 조크를 내놓았고, 강사를 포함해 모두가 이런 저런 아이디어를 제시했어.

집단 지성의 힘을 받아 순식간에 조크가 미끈하게 바뀌어 가는데, 기분이 묘하더라. 마치 미술 시간에 내가 그리다 만 조악

한 밑그림을 선생님이 근사한 석고상 데생으로 완성해주는 느낌이랄까?

하지만 수업을 몇 주 듣고 보니 이런 식으로 조크를 첨삭 받는 건 장점보다 단점이 크다는 생각이 들었어. 코미디 수업은 마치 온실 안 같았거든. 초짜가 겁 없이 무대에 섰다 관객의 무반응에 상처 받는 일이 없도록 베테랑 강사가 조크의 약한 부분을 걸러주니까.

그런데 적어도 스탠드업을 시도하는 첫 1~2년은 오롯이 자신의 힘으로만 농담을 시도해보는 게 맞지 않나 싶어. 어설프고 구멍이 숭숭 난 셋set을 갖고 무대에 서더라도, 관객 앞에서 공연을 망치고 머리를 쥐어뜯으며 하나하나 바꿔나가는 게 좀 더 나은 경험이 아닐까 하는 생각이 든 거지. 물론 이건 내가 엉덩이에 뿔난 송아지라 내 멋대로 이런 저런 실험을 해보고픈 맘이 커서이기도 해.

어쨌든 수업을 몇 주 들으며 이런 교육 과정이 내게는 잘 맞지 않는다는 걸 깨달았어. 물론 이건 취향 탓일 수 있어. 다른 학생들은 대부분 이 워크숍 형식의 수업에 굉장히 만족한다고 말했거든.

나는 이 수업에서 오히려 기술적인 부분을 더 많이 배운 것 같아. 별것 아닌 것 같지만 중요한 팁이랄까? 이를테면, 무대에 등장해서 유선 마이크를 빼어들면 마이크 스탠드를 옆으로 치워야 하는데, 이때 스탠드의 베이스 부분(아래 부분)을 잡아야 한다는 팁 같은 것.

나중에 영상 찍은 걸 보니까 내가 마이크 스탠드를 옮길 때 윗부분을 잡으면서 시작부터 불안하더라고. 베로니카가 지적하지 않았으면 아마 이 습관을 평생 몰랐을 거야. 과장을 좀 섞어서 마이크 제대로 쥐는 법과 스탠드 옮기는 법을 배운 것만으로도 수업이 제값을 한 느낌이었어.

그리고 졸업 공연 무대 직전에 가장 값진 교훈을 얻었지. 베로니카가 내 눈을 똑바로 바라보며 말했어.

이건 일인극이 아니야. 관객과 대화를 해. 그리고 이 순간을 즐겨.
This is not a monologue. Communicate with the audience.
And just enjoy it.

순간 가슴이 뭉클했어. 아, 나는 조크 작법이나 전달 기술이 아닌 이걸 깨닫기 위해 온 거구나.

앞으로도 그 어떤 무대에 오르건, 항상 이 말을 기억하려고 노력해. 준비한 공연을 암기한 대사처럼 일방적으로 읊지 않기, 그리고 내가 즐거운 공연하기. 내가 재미를 느껴야 관객도 그 재미에 빠져들 테니까.

절박함의 향연, 오픈 마이크

코미디 셀러 수업은 일주일에 단 1회 있었지만, 나는 쉬는 날에 결코 자유의 여신상을 보러 가거나, 매그놀리아 베이커리에서 컵 케익을 사먹거나, 전망 좋은 루프탑 바에 가거나, 페리를 타고 스태튼 아일랜드에 가는 짓은 하지 않았어.

대신 코미디 클럽을 돌아다니며 쉬지 않고 오픈 마이크 무대에 섰지. 내가 존경하는 코미디언들이 하나같이 말하는 게 "그 누구의 말도 듣지 말고 자신을 믿어라."거든. 맞아, 그게 스탠드업의 전부 아닌가? 내가 재미있다고 생각하는 걸 사람들에게 선보이고, 객석에서 웃음이 나올지 죽음 같은 침묵이 흐를지 시험해보는 거. 그래서 나도 공연을 통해 배우기로 결정했어. 오픈 마이크 무대에서!

오픈 마이크란 공연 장소가 필요한 아마추어 공연자가 신청해서 설 수 있는 무대를 뜻해. 주로 뮤지션이나 스탠드업 코미디언이 오픈 마이크에 참여하지. 뉴욕 스탠드업 코미디 오픈 마이크의 경우 대표적으로 배드슬라바(badslava.com)에서 정보를 얻을 수 있어.

뉴욕은 코미디의 중심지답게 매일 오후 두 시부터 밤 열한 시까지 다양한 장소에서 오픈 마이크가 열려. 장소는 스탠드업 코미디 클럽이나 무대가 있는 바 등인데, 무대에 서려면 사전에 또는 현장에서 3~5달러를 내고 신청해야 해. 간혹 술집에서 열리는 경우 신청비 외 음료 한 잔을 주문해야 하는 경우도 있어.

내 오픈 마이크 첫 무대는 '그리니치 빌리지 코미디 클럽 Greenwich Village Comedy Club'이었어. 한국에서 네 번 정도 무대에 서보긴 했지만 영어로 스탠드업 코미디를 하는 건 처음이라 좀 긴장했지. 하지만 여기까지 왔는데 어쩌겠어? 될 대로 되라지의 심정으로 신청했어.

이 클럽이 이름은 그럴싸한데, 막상 가보면 반 지하에 있는 지하창고 같고, 간판은 색이 다 바래서 안 보일 지경이라 길을 헤매다 겨우 찾았어. 나중에 알고 보니 이런 반 지하 공연장이 원조 그리니치 스타일이긴 하더라고.

오픈 마이크는 6시 정각에 시작인데, 시간이 다 됐는데도 문이 굳게 닫혀 있었어. 하나둘 모인 사람들이 조금씩 웅성대자 어떤 남자가 '클럽 매니저가 곧 도착할 테니 조금만 기다리라'고 외쳤어. 약 6시 12분쯤, 시무룩한 표정의 직원이 사과 한 마디 없이 자물쇠를 열고 어둑한 공간으로 우릴 안내했어.

아직 겨울 흔적이 남아 있는 3월, 바깥보다 클럽 안이 더 시리고 춥더라고. 클럽 안에 웅크리고 있던 먼지와 절망의 냄새가 코끝에 걸리는 것 같았어. 아, 이게 대니가 말한 거였구나. 미국에서 스탠드업 코미디언으로 오래 활동한 대니 초가 미리 경고했거든.

"미국의 오픈 마이크 무대는 최악이야. 그거 하다 보면 코미디를 관두고 싶어질 수도 있어."

아, 그게 이거구나 싶었지.

클럽은 침침한 조명에, 작고 좁았어. 물론 장소가 협소한 게 코미디 클럽의 매력 포인트일 수 있지. 하지만 그건 관객이 꽉 찼을 때 얘기고. 이날 진짜 관객은 단 한 명도 없었어. 무대에 서는 코미디언은 대략 열한 명 정도? 나는 참가비 5달러를 내고 자리에 앉았어. 참가비를 걷던 사람이 돈을 다 걷자 무대로 올라가더라고.

수금원에서 MC로 돌변한 이 인상 좋은 중년 남자는 자식 얘기, 알코올 중독 경험, 마흔 다섯에 도전한 스탠드업 코미디 같은 주제로 약 5분 정도 코미디를 선보였어. 그러고는 무대에 오를 사람을 호명하며 본격적으로 오픈 마이크를 시작했지.

첫 번째 코미디언이 나올 때 고개를 들어 주위를 슬쩍 둘러보니, 나 빼곤 전부 남자였어. 동양인 한 명, 흑인 한 명, 나머지는 백인, 라틴계, 중동계로 보이는 사람들이었지. 물론 피부색과 외모만으로 백 퍼센트 확신할 순 없지만, 대략 비율상으로는 백인이 제일 많은 것 같았어.

준비해온 조크를 잊지 않기 위해 머릿속에서 계속 연습하다 보니 무대에서 공연하는 사람에게 집중할 수가 없더라. 이게 오픈 마이크의 가장 안 좋은 점인 것 같아. 관객으로서 자연스러운 반응을 보여줘야 하는데, 순서를 기다리는 모두가 자신의 빗bit을 되뇌고 있으니까. 그래서 대부분의 오픈 마이크는 객석에서 스마트폰을 보거나 메모 읽는 걸 금지해. 머리로는 딴 생각을 하더라도 적어도 눈은 무대를 향하고 있어 달라는 거지.

한 사람씩 호명되었지만 내 이름은 불리지 않았어. 무대에 선 이들은 스마트폰이나 노트를 보면서 조크를 하나하나 시도해 보았고, 어떤 사람은 전부 외워서 하는 등 각자 준비한 수준이 달랐지.

눈 깜짝할 새 1부가 끝났고, 이어서 2부 공연이 시작됐어. 나는 2부 첫 번째 순서로 호명됐어. 무대에 올라 MC와 악수를 나누고, 마이크를 빼고, 마이크 스탠드를 옆으로 치우고, 조크를 시작했어.

"안녕하세요. 저는 J. Y. Choi라고 합니다. 저는 한국에서 온 지 얼마 안 되었는데요, 뉴욕에 오자마자 지하철 벤치에서 소변 위에 앉았어요. 이런 게 뉴욕의 환영식인가요?"

피식, 하는 소리라도 있었나? 조명이 너무 눈부셔서 앞이 잘 안 보였는데 오히려 그게 나은 것 같기도 했어. 가느다란 귀뚜라미 소리라도 다 들릴 것 같은 침묵. 바로 다음 조크로, 또 다음 조크로 넘어갔지. 관객이라고 하기에도 애매한 그 무리 중 아무도 소리 내어 웃지 않았어. 그렇게 4분 30초가 지났고, MC의 시간 알림 불빛을 본 후 황급히 마무리 짓고 내려왔지.

신나지도 않았지만 실망감도 들지 않았어. 그저, '아 뉴욕의 오픈 마이크는 이런 거구나' 싶었지. 한국에서 내가 참여한 오픈 마이크는 가족 같은 화기애애한 분위기였던 데다 친구들을 관객으로 동원해 억지 웃음이라도 끌어낼 수 있었다면, 뉴욕 땅엔 내 농담이 재미없으면 웃어줄 사람이 단 한 명도 없었어.

그래도 내 차례를 마치고 내려오니 맘이 좀 편해져서 나머지 코미디언의 공연을 여유롭게 볼 수 있었지. 나 빼고 유일한 동양인인 일본계 미국인은 조크는 재미없지만 캐릭터가 확실한 연기를 선보였어. 배우 지망생으로 준수하게 생긴 스물네 살 청년은 의외로 괜찮은 자기 비하 개그를 했고 말이야.

나도 그랬지만, 이날 공연한 모든 사람의 조크가 거의 다듬어지지 않은 듯했어. 이때 잘하는 사람이 단 한 명도 없어서 뉴욕의 오픈 마이크 무대를 조금 얕잡아 보기도 했지. 물론 이 생각은 두 번째 오픈 마이크에서 바로 깨졌지만.

결국 나만의 목소리를 만들어가는 과정

유명 코미디언들도 첫 무대를 성공적으로 치른 사람은 많지 않아. 도전했다가 너무 심하게 망친 트라우마 때문에 한동안 스탠드업을 피했던 코미디언도 있지. 내 뉴욕 데뷔 무대는 성공적이지 않았지만, 그래도 여기서 첫 발을 내디뎠다는 것에 스스로를 기특해하기로 했어.

이후로 거의 매일, 아니면 이틀에 한 번씩 오픈 마이크 무대를 찾았어. 하루에 무대에 세 번 선 적도 있어. 맨해튼을 동서남북으로 가로지르며 다양한 무대를 찾았지. 많이 다니다보니 같은 사람들을 계속 마주치게 되더라고.

5주 정도 오픈 마이크 무대에 서면서 탁월하게 좋은 조크를 선보인 사람은 대여섯 명 정도 봤을까? 그중에서도 겨우 한두 명만 괜찮은 밥벌이를 하는 코미디언으로 성장할 수 있다고들 말해.

오픈 마이크에 참여하면서 마리화나에 취한 채 무대에 올라 헛소리 하는 사람, 술에 진탕 취해서 진행을 제대로 못하는 MC, MC랑 싸우고 환불 받아 자리를 뛰쳐나가는 출연자 등 신기한 사람도 몇 명 보았지.

오픈 마이크 무대에 서면서 참 재미있었어. 코미디 셀러 같은 유명 클럽에서 볼 수 있는 완성형의 코미디가 아닌, 번뇌하고 발버둥 치며 성장하는 과정을 볼 수 있다는 점에서 말이야. 코미디언이 많이 몰린 오픈 마이크 무대는 두 시간 넘게 진행되어 보다가 녹초가 되기도 했지만, 웬만하면 끝까지 남아 모든 사람의 공연을 보고 적극적으로 반응을 보여주려 노력했어.

솔직히 내가 이렇게 편한 마음으로 오픈 마이크 무대에 설 수 있던 건 어차피 잠깐 있다가 한국으로 돌아갈 거니까 부담이나 절망, 갑갑함이 없었기 때문이야. 만약 뉴욕에서 수년째 오픈 마이크 무대를 전전하며 다음 레벨로 올라가지 못하면 어떨까? 나 같아도 굉장히 우울할 거야.

어쨌든 나는 5주간 5분짜리 루틴을 오픈 마이크에서 완성했어. 수업에서 도움을 받아 다듬은 조크 말고 '진짜 내 말과 사람들의 반응으로 만든 빗bit'들로 채웠지. 이건 내 똥고집일 수 있는데, 시작하는 단계에서는 남이 도와준 세련된 조크보다 내가 직접 만든 엉성한 조크가 훨씬 더 소중하고 재미있는 것 같아.

05

뉴욕에서 만난
코미디언들이 들려준
진짜 조언들

STANDUP NOW
NEW YORK

뉴요커들이 꼽는 뉴욕의 장점이 바로 '당신이 누군지 아무도 신경 쓰지 않는다(nobody gives a fuck who you are)'는 것이야. "유명인? 그래서 뭐 어쩌라고."라는 특유의 태도가 있지. 물론 비욘세Beyonce 같은 슈퍼스타라면 어렵겠지만, 뉴욕에서 어지간한 연예인은 주위를 의식하지 않고 지하철을 타고 공원을 활보하곤 해. 특히 코미디 클럽이 모여 있는 힙한 동네, 그리니치 빌리지를 걷다보면 유명 코미디언을 어렵지 않게 만날 수 있지.

코미디언들의 든든한 큰아버지, 콜린 퀸

　　처음으로 인터뷰한 코미디언은 콜린 퀸Colin Quinn이야. 올해 58

콜린 퀸의 〈뉴욕 스토리〉 ©넷플릭스 제공

세인 퀸은 스탠드업 코미디 경력 33년의 진정한 코미디언으로, 뉴욕에서 나고 자란 경험을 바탕으로 한 코미디 쇼가 유명해. 넷플릭스에 〈콜린 퀸: 뉴욕 스토리Colin Quinn: The New York Story〉(2015)라는 원맨쇼가 있으니 한번 찾아보길.

퀸은 아일랜드계 미국인으로, 1990년대 말 〈새터데이 나이트 라이브〉의 앵커로 2년 동안 활동했을 정도로 미국 내 인지도가 높아. '코미디언들의 든든한 큰아버지'라는 별명처럼 따뜻하고 여유 있는 사람일 것 같은 예감이 들었어.

어느 추운 날, 코미디 클럽 팻 블랙 푸시캣Fat Black Pussycat에서 공연을 마치고 나가던 그를 불러 세웠지.

"미스터 퀸, 저는 한국에서 왔어요. 한국 독자를 위한 스탠드업 책을 쓰고 있는데, 잠깐 얘기 나눌 수 있을까요?"

갸우뚱, 잠시 고민하던 그는 이내 알겠다고 고개를 끄덕였어. 아니, 이렇게 쉽게 승낙하다니! 가슴이 콩닥콩닥. 조용한 대화를 위해 약 3분 거리에 위치한 코미디 셀러로 걸어갔어.

117 맥두걸 스트리트117 Macdougal Street. 1982년에 문을 연 코미디 셀러와 올리브 트리 카페Olive Tree Cafe가 자리한 곳이야. 셀러는 지하 1층, 올리브 트리 까페는 지상 1층으로 같은 사람이 운영해.

약 100명을 수용할 수 있는 클럽인 코미디 셀러는 잘나가는 코미디언 모두가 거쳐간 곳이지(그리고 알지? 내가 들은 코미디 수업을 주관한 곳). 뉴욕에서 가장 인기 있는 클럽이라 공연을 보려면 적어도 일주일 전에 자리를 예약해야 해.

셀러는 워낙 좁아서 코미디언 대기실이나 화장실이 따로 없어. 코미디언들은 1층 카페의 한 테이블에 둘러앉아 담소를 나누다 자기 차례가 되면 클럽으로 연결된 계단으로 내려가 복도에서 대기하지. 이들이 앉는 일명 '코미디언의 테이블comedians' table'은 셀러에서 공연하는 코미디언만 앉을 수 있게끔 예약된 자리로, 실력을 인정받기 전엔 이곳에 앉을 수 없어. 코미디 신들의 올림푸스 산이라고나 할까? 한자리에 모이면 그것만으로 수십억 원짜리 가치가 있는 코미디언들이 여길 사랑방처럼 드나들어.

퀸과 나는 창가의 작은 테이블에 앉았어. 그는 웨이트리스와 다정히 포옹을 나누고는 피타 브레드(납작한 아랍식 빵) 한 접시와 소다수를 시켰지.

"세상에서 이 카페, 이 자리에 앉아 있는 것보다 더 즐거운 건 없어요. 지금은 맨해튼 남쪽으로 이사했지만, 한때 여기가 너무 좋아서 바로 길 건너에 살기도 했어요."

뉴욕 억양이 진하게 밴 말투였어.

그는 범죄가 만연한 시절, 뉴욕 브루클린에서 태어났어. 자라면서 리처드 프라이어와 조지 칼린을 숭배하며 스탠드업 코미디언이 되는 걸 꿈꿨지만, 겁이 나 시작도 못했대. 그러다 1984년, 웨이터 겸 바텐더로 일하다가 맘먹고 무대에 선 게 시작이었어. 그러고는 지하철에서 관찰한 사람들이나 자신의 유년시절을 소재로 본격적으로 조크를 쓰기 시작했대.

코미디에 도전한 첫 3년은 바텐더로 일하며 벌이를 충당했고, 4년째부터는 코미디언으로 완전히 자리 잡았다고 하더라고. 스탠드업 무대에서 공연하는 한편, 〈새터데이 나이트 라이브〉를 포함해 다양한 TV프로그램과 영화에 출연했지. 코미디언들이 나와 시사 문제를 토론하는 〈콜린 퀸과 까다로운 관객들Tough Crowd with Colin Quinn〉은 꽤 인기가 있어서 200회 넘게 방영되기도 했어. 물론 그때도 클럽에서 스탠드업 공연은 계속했지.

요새는 종종 영화에도 출연하지만, 매주 화요일과 수요일에 팻 블랙 푸시캣에서 한 시간씩 무대에 서는 게 그의 주요 스케줄이야. 지금은 '어느 무리건 그 무리를 망치는 사람이 꼭 있다'라는 주제로 한 시간짜리 공연을 다듬는 중이래. 두툼한 노트패드를 갖고 작은 무대에 올라 새로 만든 조크를 관객에게 던져보고, 버릴 건 버리면서 조크를 완성해나가는 중이지.

나와 만난 날로부터 일주일 전에는 심장발작이 왔대. 하지만 그는 쉬는 대신 일주일 만에 무대에 서서 그 경험을 가지고 농담하는 걸 택했지. 스탠드업은 그에게 일을 넘어선 일상 자체야. 언제 은퇴할지는 모르지만, 아무튼 가능한 끝까지 마이크를 잡을 거래.

"마치 마약에 취하듯, 사람들을 웃기는 데 중독된 거예요. 현실감이 영원히 돌아오지 않은 채 말이죠. 그렇게 살다 보니 30년이 훌쩍 지나갔어요."

그와 대화하는 동안 코미디 셀러의 코미디언들이 끊임없이 다가와 인사를 건넸어. 덕분에 나도 슈퍼스타 에이미 슈머와 그의 남편, 떠오르는 별 레이첼 파인스타인Rachel Feinstein, 톰 파파Tom Papa, 샘 모릴Sam Morrill 등과 담소를 나눌 수 있었지. 콜린은 이런 가족적인 분위기 때문에 셀러를 클럽 중 최고로 꼽아.

"에스티 어도람(Estee Adoram, 코미디 셀러에서 코미디언 섭외 및 스케줄을 담당하는 사람)을 포함해 셀러의 모든 직원은 코미디언을 우선시하죠. 그러니 좋아할 수밖에요."

퀸은 탑 코미디언 에이미 슈머를 처음 만난 날을 이렇게 회상해. "어떤 친구들은 처음에는 좀 재미없다가도 몇 년 지나면 나아지곤 해요. 하지만 에이미는 처음 만났을 때부터 너무 웃겼어요."

물론, 처음엔 별로 재미없는 코미디언도 노력에 따라 개선 가능성이 있다고 덧붙였어. 초반에는 좀 별로인가 싶더니 5~7년이 지나서 환상적으로 재밌어진 코미디언도 많다며 말이야.

한 시간가량의 인터뷰가 끝나고, 따뜻한 포옹을 나누고 그와 헤어졌어. 흔히들 뉴요커들은 차갑고 깐깐하다고 말하지만, 내가 만난 '진짜 뉴요커' 퀸은 진실의 가치를 소중히 여기는 좋은 사람이었어.

헤어지기 직전, 코미디에 도전하는 모두에게 조언 한 마디를 부탁했고 이런 대답을 들었어.

실력을 키우려면 무조건 무대 위에 계속 올라야 해요. 그렇게 올라가다 보면, 어느 순간 자유로워지면서 진짜 자기 말을 하기 시작하거든요. 사람들은 코미디언이 진정으로 주위를 신경 쓰지 않고 말할 때 웃기 마련이에요. 참, '엣지 있는 소재'와 '엣지 있는 척 하는 소재'를 구분할 줄 아는 센스도 갖춰야겠죠.

화끈한 코미디언 주디 골드

같은 장소에서 2주 뒤 주디 골드Judy Gold를 만났어. 주디 골드는 조안 리버스, 필리스 딜러Phyllis Diller, 토티 필즈Totie Fields 같은 코미디언의 영향을 받으며 자랐고, 190cm의 키에 목소리가 쩌

렁쩌렁 울리며, 불같은 성격으로 유명해. 올해 55세. 뉴저지에 있는 러트거스 대학교Rutgers University에서 피아노를 전공하다, 기숙사 친구와의 내기로 처음 스탠드업을 시작했대.

그녀는 여전히 현역 스탠드업 코믹이자 배우, 팟캐스트 진행자로 활동 중이야. 1990년대 말 레즈비언임을 커밍아웃하고 현재 파트너와 두 아들과 함께 사는데, 성소수자 부모로서의 삶을 조크 소재로 자주 쓰지. 또 "레즈비언보다 유대인으로서의 정체성이 더 강하다"라고 말할 정도로 유대인으로서 자부심이 있는데, 이걸 주제로 원우먼 쇼를 올리기도 했지.

골드는 앞서 소개한 미드 〈아임 다잉 업 히어〉에서 한물간 코미디언 역할을 맡았는데, 한 에피소드에서 코미디 클럽 사장으로부터 '이제는 그만 쉬어도 좋다'는 통보를 받는 장면이 나와. 그 장면을 언급하며 코미디언이 언제 '퇴물' 취급을 받느냐고 물었더니, 감이 떨어지기 시작하면 동료들이 먼저 이 사실을 일깨워준대. "야, 너 완전 감 떨어졌어. 뒤질 때 다 된 것 같은데?"라고 막말을 하면서. 아끼는 친구가 잘리는 수모를 당하지 않도록 사랑을 담아 로스트 하는 거지.

평소 그녀는 인스타그램이나 트위터를 통해 팬들과 소통하긴 하지만, 소셜 미디어가 코미디의 지평을 바꿔놓은 게 맘에 들지만은 않나 봐. 최근 10년간 일어난 새로운 코미디 붐은 과

거 스탠드업의 황금기와는 많이 다르대.

"예전에는 코미디언이 무대에 서는 것을 시작으로 코미디 신에 참여했어요. 그리고 실력을 보여주면서 계약을 따내고 성장해갔죠. 하지만 이젠 소셜 미디어 때문에 실력이 부족한 사람도 오십만 명의 팔로워가 있으면 스탠드업 스페셜 공연을 열수 있어요."

뉴욕에는 자신의 성장 배경을 소재로 코미디를 하는 유대계 미국인이 참 많아. 제리 사인펠드, 존 스튜어트Jon Stewart, 우디 앨런Woody Allen, 새러 실버맨Sarah Silverman 등도 유대계 코미디언이지. 골드 역시 자신의 유대인 정체성을 전면에 드러내는데, 유대인과 코미디 사이에 밀접한 연관성이 있는지 물어봤어.

"유머는 고통을 이겨내기 위한 방법이니까요. 박해받은 모든 사람에게 유머가 필요하죠. 엄마는 종종 "우리가 지금 웃어 넘길 수 없다면 울 수밖에 없다"라고 하셨죠. 인생의 고통과 마주할 때 웃으며 지나가도록 기다리는 거예요.

또 한 가지는 13세 때 치르는 유대식 성인식이에요. 이때 토라(유대 경전)의 한 부분을 읽고 그게 어떤 의미인지, 자신에게 어떤 영향을 줬는지 사람들 앞에서 발표하거든요. 우리는 그때 사람들 앞에서 말하면서 이걸 시작하는 건지도 몰라요."

아이 둘을 뉴욕에서 키운 골드는 커리어 내내 쉬어본 적이 없어. 유명인이지만 여전히 오디션을 통해 역할을 따내야 하고, 클럽 공연도 계속하고 있지.

자기 이름을 내건 시트콤을 제작하는 게 목표지만 아직 하겠다고 나선 방송사는 없어. "돈이나 잔뜩 벌어보면 좋겠네!"라고 투정하기도 하지만, 두 다리가 버틸 수 있는 날까지는 스탠드업을 할 거래. 코미디에는 은퇴가 없으니까.

마지막으로 그녀는 스탠드업의 묘미에 대해 이렇게 말했어.

내가 이 세상에서 제일 좋아하는 게 스탠드업이에요. 웃음은 상대방을 무장해제 시키는 강력한 힘을 가지고 있죠. 무대에서 몇 분간 나 자신을 놓아버리는 황홀한 경험, 그리고 관객이 웃음을 터트릴 때 느끼는 그 즉각적인 희열은 세상 어느 것에도 비할 수 없어요. 모두에게 스스로를 너무 진지하게 여기지 말라는 걸 일깨워주는 것도 뿌듯하고요.

코미디언 지망생의 롤모델 베로니카 모지

코미디 셀러의 수업 강사 베로니카와는 맨해튼이 아닌 브루클린에서 만났어. 베로니카가 브루클린에 살거든. 그녀는 마흔한 살에 아이를 낳고, 현재 육아, 코미디, 강의를 저글링하며 하루하루를 바쁘게 보내고 있어. 어느 금요일, 햇살이 잘 드는 다이너에서 브런치를 먹으며 대화를 나눴지.

이제 코미디를 시작한 지 22년차. 베로니카는 원래 대학에서 연기와 연극을 전공했어. 뉴저지가 고향인데, 뮤지컬과 연극 무대에 서려고 뉴욕에 왔대. 하지만 몇 년 후 피 말리는 배역 경쟁에 지쳐버렸고, 어쩌다 스탠드업 코미디 일일 세미나를 듣게 된 거지. 스탠드업이 즉흥적이고 열정적인 자기 성격과 잘 맞는다고 느껴서 도전하게 됐대.

누구나 그러하듯 베로니카도 시끌벅적한 술집의 오픈 마이크가 첫 무대였어. 첫 공연에서 반응이 나쁘지 않아 자신감을 얻었고, 이후 계속 사람들 앞에 서며 조금씩 자기 자리를 넓혀나갔지.

뉴욕에서 코미디언이 되려면 초창기에 '자기에게 주어진 몫을 치러야(pay one's due)' 한대. 관광객이 많이 다니는 장소에서 홍보 전단지를 나눠주는 것도 그중 하나였지. 코미디 업계에서 '바킹(barking, 짖기)'이라는 용어는 코미디언이 모객 행위를 해서 그 대가로 무대에 설 수 있는 기회를 얻는 걸 뜻해. 3명을 데려오면 무대 위 5분, 5명을 모아오면 7분, 이런 식으로.

영하 10도까지 내려가는 어느 겨울날, 타임스퀘어 한복판에서 홍보물을 나눠주다 무례한 사람이 손을 팍 쳐서 눈 위로 종이가 흩어져 엉엉 운 적도 있대. 그렇게 무대에 서며 수년간 실력을 다졌고, 3년차 때 인지도 있는 클럽에서 오디션을 보며 돈을 받고 코미디를 하게 되었지.

데인저필즈Dangerfield's, 스탠드업 뉴욕Stand Up NY, 고담 코미디 클럽 등에서 차근차근 사다리를 타고 올라가던 그녀는 코미디 셀러의 '최종 보스' 에스티 어도람에게 인정받으며 드디어 코미디 셀러의 무대에 섰어.

"에스티의 오디션은 냉정해요. 손님이 많은 시간대, 인기 있는 코미디언 바로 다음에 올라가게 해서 진면목을 보죠. 거기서 관객을 못 웃기면 아웃이에요."

30대 후반에 결혼하고 아이를 가진 그녀는 출산 바로 직전까지 계속 코미디 무대에 섰어. 그런데 베로니카가 임신하기 전에는 그녀를 언제나 무대에 세웠던 몇몇 클럽에서, 배가 꽤 불러온 다음부터는 '우리와 색깔이 맞지 않는다'는 미심쩍은 이유로 섭외하지 않기 시작한 거야. 이전에는 여자라서 기회를 박탈당했다고 느낀 적이 없었는데, 임신 후 차별을 받으니 배신감이 들었대. 그때 실망한 클럽 무대에는 이제 절대 서지 않는다고 하더라고.

그녀는 스탠드업 코미디는 즐겁지만, 코미디 비즈니스는 결코 즐겁지 않다고 경고했어. 누구는 끝없이 오디션을 치르고 방송국의 문을 두드리며 고생해도 인정받기 힘든데, 한참 실력이 모자라는 사람이 운 좋게 하룻밤 만에 스타가 되는 일도 있고 말이야. 그래서 지치지 않게 멘탈 관리를 잘 해야 해.

"이 비즈니스는 정말 기가 빨리거든요. 사실 두 달에 한 번쯤은 '다 때려치울까?' 하는 생각도 들어요. 그래도 스탠드업에 대한 사랑으로 계속 버티고 있네요."

마지막으로 스탠드업 코미디에 도전하는 이들에게 조언을 한 마디 부탁했어.

중간에 관두지 말고 계속 스탠드업을 하면서 무슨 일이 일어나는지 지켜보세요. 당신이 누구인지 찾고, 내면의 진실을 좀 더 깊게 파고드세요. 모든 공연을 녹화하고 모니터링하며, 생각하고 또 생각해서 조크를 쓰길 바랍니다. 미친 사람처럼요. 평범한 사람처럼 사고하고 싶다면, 스탠드업 코미디언은 당신에게 맞는 직업이 아니에요.

날카로운 카리스마를 갖춘 데이브 아텔

뉴욕에서 만난 마지막 코미디언은 데이브 아텔Dave Attell이야. 뉴욕 롱아일랜드 출신인 아텔은 '코미디언이 추앙하는 코미디언(comic's comic)'이라는 찬사를 받지. 그는 콜린 퀸과 함께 가장 뉴욕적인 코미디언으로 종종 손꼽히는데, 유려한 음담패설과 걸걸한 스타일이 특징이야.

음담패설이 어떻게 '유려'하냐고? 뉴욕에서 아텔의 라이브 쇼를 두 번 봤는데, 조크와 조크 사이 이음새가 안 느껴지게 즉석에서 스르륵 엮어내는 게 무지 근사했어. 잽을 날리듯 숨 돌릴 틈 없이 농담을 던지는데 혼이 쏙 나가더라고.

늦은 밤, 아텔이 코미디 셀러에서 로스팅 전문 코미디언 제프 로스Jeff Ross와 즉흥 합동 공연을 성공적으로 마치고 나오는 중이었어. 용기를 내어 이름을 불렀지. 수북이 난 콧수염에, 깊게 눌러 쓴 모자 아래 눈빛이 번쩍하는 것 같았어. 카리스마에 약간 움찔했지.

올해 53세인 아텔은 뉴욕대학교New York University에서 커뮤니케이션을 공부했어. 졸업 후 처음 도전한 오픈 마이크 무대는 제대로 망해버렸지만, 코미디에 완전히 꽂혀버렸지.

그가 스탠드업을 시작한 때는 시기적으로 최악이었어. 1970년대 시작된 스탠드업 코미디의 황금기는 정점을 찍은 후 하락세를 보였고, 우후죽순 생겨났던 코미디 클럽들이 하나 둘 문 닫기 시작했지.

아텔은 그 상황에서 잘 버텨냈어. 그 역시 초창기 몇 년은 바킹으로 모객을 하고, 코미디 클럽의 도어맨(doorman, 안내원)으로 일하며 오픈 마이크 무대에 섰어. 틈날 때마다 그보다 조금 먼저 데뷔한 앨런 헤이비Allan Havey나 콜린 퀸의 공연을 구경했대. 이들의 스마트하고 잽싼 조크를 매일 보는 것만으로도 많은 영감을 받았다고 하더라고.

스스로 '이 정도면 나쁘지 않은데?'라고 자평할 수 있을 때까지 약 7년이 걸렸다고 해. 실력을 키우기 위해 7년간 거의 하루도 쉬지 않고 매일 무대에 섰다지.

"매번 웃음이 빵빵 터지는 좋은 무대만 경험하면 성장할 수 없어요. 코미디는 마치 스포츠처럼 패배를 통해 배우는 거예요. 우리의 일 중 하나가 망한 무대를 곱씹으며 어떻게 하면 나아질 수 있을까 고민하는 거고요."

아텔의 강점 중 하나는 관객과 대화하는 세션에서도 미리 준비해온 공연만큼이나 큰 웃음을 계속해서 이끌어낸다는 거야. 그가 코미디를 시작한 1980년대 말에는 어느 클럽이든 술에 취한 헤클러(공연을 방해하는 관객)가 많았어. 그래서 재치 있는 한 마디로 방해꾼들의 입을 다물게 하면서도 나머지 관객에게 큰 웃음을 주는 순발력을 키울 수 있었지.

〈새터데이 나이트 라이브〉 작가, 자기 이름을 내건 쇼 진행, 영화 출연, 스페셜 공연 등 코미디언으로서 할 수 있는 거의 모든 활동을 다 했지만, 그는 여전히 매일 밤 클럽 무대에 서. 이틀만 쉬어도 녹이 스는 기분이라나? 그는 인생이나 커리어에 대한 기대치가 항상 낮았다고 말하며, 원할 때 스탠드업 무대에 서며 살 수 있는 지금의 삶에 만족한대.

한국에서 스탠드업에 도전하는 이들에게 조언을 부탁했더니, 농담 반 진담 반으로 뉴욕으로 이사오라고 하더라고. 뉴욕에 오면 최고의 코미디를 보고 최악의 경험을 모두 할 수 있으니까. 그리고 이어 말했지.

"소규모 무대에 자주 서는 걸 추천하고 싶어요. 사람들 앞에 설 수 있는 공간을 찾고 매일 오픈 마이크를 하는 게 중요해요. 그것 말고 다른 방법은 없습니다."

물론, 현실적인 조언도 빼놓지 않았어.

배우, 가수, 코미디언… 어떤 예술 분야건 그중 대략 오십 명 정도만 큰 성공을 거두고, 천 명 정도는 그럭저럭 괜찮게 살고, 나머지 만 명은 힘겹게 살아가죠. 그건 어쩔 수 없어요.

능숙한 경계 넘나들기가 성패를 좌우한다

해도 되는 농담과 절대 해서는 안 되는 농담, 그 경계는 누가 정해주는 걸까?

농담이 어느 선까지 허용되고 안 되는지 찾는 게 코미디언의 일이야. 아슬아슬한 스릴을 느끼려면 롤러코스터를 타고 높은 곳으로 올라가야 하는 것처럼, 코미디의 진정한 긴장과 웃음을 통한 해소를 관객에게 선사하려면 금기의 영역을 탐험할 수밖에 없어.

문제는 이 경계가 사람마다 각기 다르다는 거야. 특히 위험한 이야기일수록 누군가는 분명히 불쾌해할 수밖에 없어. 따라서 코미디언은 관객에게 농담을 하나씩 슬쩍 던져보며 관객 중 약 70퍼센트의 사람들에게 큰 웃음을 줄 엣지 있는 농담을 찾아. 나머지에게는 욕을 먹어도 어쩔 수 없다고 생각하면서.

미국이 스탠드업을 하기에 좋은 이유는 지난 백여 년 동안 다양한 '코미디 실험'을 통해 어느 정도의 한계선이 사회적으로 합의가 되었기 때문이야. 물론 이 경계는 매일같이 바뀌고 있지. 사회적인 사건으로 인해 한번에 크게 달라지기도 하고 말이야.

예를 들어 faggot(동성애자 비하 표현)이나 nigger(흑인 비하 표현)는 꽤 오래 전에 완전 금기어가 되었지. 오랫동안 이 특정 집단을 낮춰 부르는 용어가 스탠드업에서 빈번하게 쓰인 이유는 미국 사회의 주류가 그들을 얕봤기 때문이야. 힘이 약해 오랫동안 조롱의 대상이 된 집단이 점점 몸집을 키우고, 목소리를 높여 그만하라고 압박을 가하면서 점차 사라진 거지.

아직도 무대에서 사라지지 않고 경계선쯤에 있는 단어는 'retard(저능아)'나 'midget(난쟁이)'같은 것들이야. 코미디언 존 멀레이니는 이런 경계에 대해 조크를 하기도 했어.

한 TV프로듀서가 '난쟁이'가 n으로 시작하는 단어(n-word, 흑인 비하 단어)만큼이나 나쁘다고 하더라고요. 말도 안 되는 소리 하지 말라고 했죠. 지금 우리가 대화하는 동안 꼬박 꼬박 '난쟁이'는 다 말하면서, n으로 시작하는 말은 단어조차 꺼내지 못했는데, 어떻게 그 두 개가 같나요?

He said "you can't put the word 'midget' on TV(...)'midget' is as bad as the n-word." I told him "no, it's not. do you know how I know it's not? It's because we're saying the word 'midget,' and we're not even saying what the n-word is."

아이러니, 살얼음 위로 걷기

또 코미디 무대에서는 단어뿐 아니라 코미디 소재에 대한 경계 탐험도 자주 이뤄져. 고위험, 고수익이라는 말처럼 리스크가 큰 소재일수록 큰 웃음이 터질 확률이 높거든. 아슬아슬한 조크를 하려면 아이러니(irony, 역설법 또는 반어법)로 잘 버무려내야 해.

아이러니는 코미디 재료로 치면 '복어'야. 실력이 없으면 아예 꺼내들지 않는 게 좋아. 라면이나 겨우 끓여내는 실력으로 감히 덤벼들면 안 되겠지.

혹시 아이러니의 개념이 이해가 잘 안 갈 수도 있으니, 예를 들어볼게. 서른이 넘어 무명 스탠드업 코미디언 생활을 시작한 내가 "직업적인 안정성과 수익을 두루 고려해 이 길을 택했어요"라고 말하면? 아이러니를 이해하는 사람은 피식 웃겠지만, 못 알아듣는 사람은 "그래? 스탠드업 코미디언이 그렇게 괜찮은 직업이야?" 이렇게 되묻겠지.

세월이 흘러도 여전히 파문을 일으키는 소재는 종교, 인종, 젠더, 소아성애, 강간, 살해 등이야. 휴, 목록만 봐도 입꼬리가 1mm라도 위로 움직일 만한 여지가 없을 것 같지?

그런데 탑 코미디언들은 이런 소재로 기막힌 농담을 짜서 폭소를 유발해. 아이러니를 가미한 위험한 농담에 대해 코미디언 W. 카마우 벨W. Kamau Bell은 BBC 다큐멘터리에서 이렇게 말해.

"많은 코미디언들이 인종차별주의, 성차별주의, 동성애 혐오 발언을 아이러니로 감싸서 조크로 내놓아요. 그런데 그 농담에서 아이러니를 제거하면 그 코미디언은 그대로 인종차별주의자, 성차별주의자, 동성애 혐오자가 되는 거죠. 아이러니는 굉장히 얇은 장치이기 때문에 이를 시도하는 코미디언은 누군가는 아이러니를 못 알아듣고 액면 그대로 받아들일 수도 있다는 걸 알고 있어야 해요."

나도 스탠드업 코미디를 처음 접했을 때, 꽤 많은 농담을 알아들을 수 없었어. 예를 들면 이런 것.

난 의사에게 성폭행 당했어요. 유대계 여자로서는 참 달콤쌉쓸한 일이었어요.

I was raped a doctor, which is so bittersweet for a Jewish girl.

— 새러 실버맨의 스탠드업 스페셜 〈마법의 예수님Jesus is magic〉(2005)

이 말을 듣고 웃기는커녕 성폭력을 소재로 웃음을 유도한다는 게 화 나고 불쾌했어. 하지만 시간이 지나 스탠드업의 형식을 깨닫고 새러 실버맨이 어떤 코미디언인지 알고 난 후, 사람들이 왜 웃는지 알게 되었지.

이 농담에는 여러 겹의 장치가 있어. 첫째, 미국의 유대인 사회에서 여성들에게 가해지는 '의사나 변호사 남편을 만나라'는 압박을 비꼰 것. 둘째, 당시 새러 실버맨이 '순진한 중산층 유대인 공주님' 캐릭터로 행세하며 사슴 같은 눈을 깜빡이며 식겁할 말을 던지는 게 특유의 스타일이었다는 점. 이런 문화적 배경과 캐릭터 설정을 모르면 이 농담을 절대 이해할 수 없지.

아무리 그래도 성폭력이라는 소재로 조크를 해도 되는 건가 싶지? 그 여부는 농담을 듣는 각자의 판단에 달렸어. 실버맨의 스페셜 또한 평이 갈렸지.

〈뉴욕타임스〉의 한 기자는 "충격은 주지만 금기를 제대로 부수는 데에는 실패했다"며 혹평하기도 했어. 10년이 넘게 지난 지금, 실버맨은 더 이상 이 농담을 하지 않지만 "관점이 있

논란이 되는 농담을 불쑥불쑥 던지는 새러 실버맨

다면 다루지 못할 소재는 없다"는 입장을 견지하고 있지.

뉴욕에서 코미디언들을 인터뷰 할 때 이런 아이러니와 금기를 어떻게 사용해야 할지 물었어. 콜린 퀸은 "논란이 일 수 있는 말은 즉흥적으로 하지 말고 미리 정확하게 연습해보고 전달해야 한다."라고 대답했어.

나는 차별적 코드가 가미된 조크가 아이러니인지 아닌지 애매할 때 어떻게 구분하는지도 궁금했지. 주디 골드는 그 말을 하는 사람의 '의도'가 가장 중요하다고 답했어.

"트럼프도 농담을 하긴 하지만, 하나도 안 웃기죠. 그는 악랄하니까요. 농담을 하는 사람이 자신의 약점을 드러내야 관객들이 공감할 수 있어요. 인종차별이든, 홀로코스트든, 다루지 못할 주제는 없어요. 하지만 진짜 혐오를 품은 사람은 좋은 농담을 만들 수 없어요. 코미디언이 본심이 아닌 척하며 차별적인 농담을 하면, 관객은 본능적으로 구린 냄새를 맡거든요."

결국 조크가 재미있는지 없는지, 무엇이 수용 가능하고 불가능한지는 듣고 수용하는 관객에게 달려 있는 거야.

이제 한국에서도 스탠드업 코미디가 조금씩 존재를 알리기 시작했어. 다양한 코미디언이 우리 정서와 문화에 맞는 경계가 어디일지 시험하는 조크를 많이 던지겠지. 그 경계를 긋는

데 참여하고 싶다면 이제부터 스탠드업 공연에 찾아가 동참해 줘. 결국 스탠드업 코미디는 코미디언과 관객이 함께 만들어 가는 거니까!

부록

- 코미디 클럽 방문 팁
- 뉴욕 코미디 클럽 추천
- LA 코미디 클럽 추천
- 넷플릭스 코미디 쇼 추천

STANDUP NOW
NEW YORK

코미디 클럽 방문 팁

- 대도시의 주요 코미디 클럽에서는 대부분 입장료와 별개로 최소 2가지 음식 또는 음료[2 item minimum]를 주문해야 한다. 메뉴 중 음료나 음식 구분 없이 2개를 주문하면 되는 클럽이 있고, 음식 외에 음료를 꼭 2잔 주문해야 하는 곳도 있다. 보통 생수가 가장 저렴하기 때문에 생수 2병을 주문하기도 한다. 뭘 먹고 싶지 않은데 왜 주문해야 하느냐고 웨이터에게 따지면 정중히 문 밖으로 안내될 수 있으니 주의하길. 불만스러워도 공연을 보고 싶으면 정해진 룰을 따라야 한다.

- 보통 공연 시작 전이나 초반에 주문을 받고, 공연 중간에 두 번째 주문을 받고, 마지막 코미디언이 공연할 때 계산서를

내온다. 결제는 앉은 자리에서 할 수 있다. 17%정도의 팁을 미리 포함시켜 청구하는 곳도 있으니, 팁을 이중으로 내지 않도록 영수증을 꼼꼼히 확인하자.

- 코미디 셀러, 캐롤라인스 온 브로드웨이, 고담 코미디 클럽 같은 곳은 영수증에 담당 서버의 도장을 받아야 퇴장할 수 있으므로 영수증을 나갈 때까지 잘 챙겨야 한다.

- 코미디 셀러를 제외한 코미디 클럽 중 간혹 소셜 커머스 할인 혜택을 제공하는 곳이 있다. 만약 유명 코미디언의 쇼가 아니라 그저 코미디 클럽 공연을 한번 경험해보고 싶은 목적이라면 그루폰(groupon.com) 등에서 할인 티켓이 있는지 검색해보자.

- 무대 바로 앞자리에 앉으면 공연 중간에 코미디언이 말을 걸어올 수 있다. 주목 받는 게 싫다면 무대에서 조금 떨어진 곳에 앉고 싶다고 말하자. 공연에 좀 더 적극적으로 참여하고 싶다면? 앞자리에 앉고 싶다고 말하면 된다.

- 드레스 코드는 딱히 없다. 그래도 공연장이니 슬리퍼 같이 걸을 때 요란한 소리를 내는 신발은 피하자.

- 웬만한 오픈 마이크 공연은 무료다. 그리고 오픈 마이크 무대에 오르는 아마추어 코미디언들도 '진짜 관객'이 필요하기 때문에 무료로 공연을 보는 당신을 반길 것이다. 하지만 예

의상 음료 한 잔 정도는 사 마시는 게 좋다. 오픈 마이크 무대에 서는 코미디언들의 실력이 중구난방이라는 것은 감안할 것. 오늘 처음 코미디에 도전한 사람부터 준 프로급까지, 그날그날 다르다. 참가자가 많아 너무 길어지면 중간에 조용히 퇴장해도 된다. 배드슬라바(badslava.com)에서 오픈 마이크 공연 정보를 얻을 수 있다.

• 영어를 아무리 잘해도 미국에서 자라지 않았다면 문화적 배경을 몰라 농담을 종종 놓칠 수 있다. 그렇다고 좌절하지 말 것! 억지로 웃어줄 필요도 없다. 그냥 느긋이 분위기를 즐기자.

뉴욕 코미디 클럽 추천

• **코미디 셀러**Comedy Cellar

뉴욕 코미디 신의 중심. 최고의 코미디언들이 사랑해 마지않는 클럽으로, 매일 새벽까지 공연이 열린다. 오래된 공연장이라 관객석이 굉장히 좁고 답답하므로 폐소공포증이 있다면 피하자.

'쇼케이스' 형식으로 4~5명의 코미디언이 15~20분간 공연한다. 짐 노턴Jim Norton, 빌 버, 에이미 슈머, 크리스 락, 주드 애퍼토 등 스타급 코미디언들이 예고 없이 나타나 새로운 조크를 시도하기도 한다.

셀러 3분 거리에 더 넓고 쾌적한 자매 클럽 빌리지 언더그라운드Village Underground나 친구네 집 응접실처럼 편안한 팻 블랙 푸시캣Fat Black Pussycat에서도 정상급 수준의 코미디 쇼를 볼 수 있다. 적어도 일주일 전에 온라인으로 예약을 해야 안전하다(예약은 무료). 맛집과 독립서점, 특색 있는 작은 가게들로 가득한 그리니치 빌리지에 있기 때문에 관광하기에도 좋다.

🔔 **주소**
- **코미디 셀러** 117 MacDougal Street, New York, NY 10012 (comedycellar.com)
- **빌리지 언더그라운드 / 팻 블랙 푸시캣**
  130 W 3rd Street, New York, NY 10012 (thefatblackpussycat.com)

- **캐롤라인스 온 브로드웨이**Caroline's on Broadway

맨해튼 정중앙에 자리한 유서 깊은 클럽. 관광 일정이 빡빡하다면 캐롤라인스가 제격이다. 공연장도 넓고 쾌적하다. 스타 코미디언들이 무대에 서는 캐롤라인스는 주로 '헤드라이너' 형식의 공연을 펼치는데, 2~3명의 코미디언이 15~20분 공연을 하며 분위기를 띄우고, 헤드라이너 코미디언이 나와 30분 간 공연을 펼친다. 인기 코미디언의 공연은 빨리 매진되므로 온라인으로 미리 티켓을 구입하는 게 안전하다.

⬆ **주소** 1626 Broadway, New York, NY 10019 (carolines.com)

• 고담 코미디 클럽 Gotham Comedy Club

첼시에 있는 탑 코미디 클럽. 다양한 영화와 드라마, TV쇼를 촬영한 장소로, 뉴욕 최고의 코미디언들의 쇼를 볼 수 있다. 주말에는 주로 헤드라이너 형식으로 공연한다.

⬆ **주소** 208 West 23rd Street, New York, NY 10011
(gothamcomedyclub.com)

• 더 스탠드 The Stand

젊은 분위기의 클럽으로 공간이 크지 않지만 활력이 넘친다. 떠오르는 신인부터 인기 코미디언의 쇼까지 고루 볼 수 있는 곳. 월요일 밤엔 종종 무료 공연을 하기도 하니 웹사이트를 꼭 확인하자. 또 신예 코미디언들의 모욕 코미디 배틀인 '로스트 배틀'이 화요일에 펼쳐지기도 하니 관심 있다면 가보자.

⬆ **주소** 239 3rd Avenue, New York, NY 10003 (thestandnyc.com)

LA 코미디 클럽 추천

- **코미디 스토어**The Comedy Store

동부에 코미디 셀러가 있다면 서부에는 코미디 스토어가 있다!
데이비드 레터맨, 짐 캐리, 제이 레노 등 수많은 스탠드업 코미
디언들이 실력을 다진 최고의 공연장. 라 졸라La Jolla에도 지점
이 있지만 할리우드Hollywood에 있는 코미디 스토어가 원조다.

450명을 수용하는 널찍한 공연장인 '메인 룸The Main Room', 코
미디 스토어의 최초 무대인 '오리지널 룸The Original Room', 소규모
로 조금 더 실험적인 코미디를 선보이는 '벨리 룸The Belly Room' 중
입맛에 맞는 공연장을 고르면 된다.

100명 정도 수용하는 약간 작은 규모지만 코미디언을 더 가
까이에서 볼 수 있는 오리지널 룸을 추천한다. 1년 내내 매일
밤 코미디 쇼가 열리며, 자정이 지나면 입장료가 무료다. 새벽
2시에 데이브 샤펠이 등장해 깜짝 공연을 펼치고 사라지기도
하니, 자정 넘어 공짜로 코미디를 즐겨보자. 세 개의 룸 전부
매진될 때가 많으니 미리 표를 구해두는 게 좋다.

🔺 **주소** 8433 Sunset Blvd, Los Angeles, CA 90069 (thecomedystore.
com)

- **래프 팩토리**Laugh Factory

유명 코미디언과 신예 코미디언을 두루 만날 수 있는 탑 코미디 클럽. 이곳은 유튜브의 '래프 팩토리' 채널에 3~5분짜리 하이라이트 영상을 올리며 유명세를 떨치고 있다. 효율적인 자리 배치로 코미디언과 생생하게 대화를 나누고 있는 느낌을 받을 수 있다. 시카고와 라스베이거스 등 미국 전역에 일곱 개의 지점을 두고 있다.

🏠 **주소** 8001 Sunset Blvd, Los Angeles, CA 90046 (laughfactory. com)

넷플릭스 코미디 쇼 추천

- **사인펠드와 함께 커피 드라이브** Comedians in Cars Getting Coffee (2012~)

최고의 스탠드업 코미디언 제리 사인펠드가 동료들과 커피를 마시며 수다 떠는 프로그램. 근사한 스포츠카와 특색 있는 커피숍을 구경하고, 스타 코미디언들의 무대 밖 모습을 엿보는 재미가 있다. 수십 년 경력의 스타 코미디언들이 들려주는 인생과 코미디 철학이 궁금하다면 꼭 시청하길! 각 에피소드가 15분 정도로 짧아 지루할 틈이 없다.

• 제리 사인펠드의 스탠드업 다이어리 Comedian (2002)

사인펠드가 제작한 다큐멘터리. 미국 역사상 가장 인기 있는 시트콤 중 하나인 〈사인펠드〉를 그만둔 제리 사인펠드가 다시 코미디 클럽을 찾았다. 당시 절정의 인기를 구가하던 사인펠드가 예고 없이 뉴욕의 클럽에 나타나 그동안 만든 조크를 선보이는 모습이 신선하다. 또 신예 코미디언 어니 애덤스 Orny Adams를 밀착 취재하며 신인이 스탠드업 세계의 사다리를 올라가는 고군분투의 과정을 보여준다.

• 앨리 웡: 베이비 코브라 Ali Wong: Baby Cobra (2016)

베트남인과 중국인 부모의 피를 물려받은 앨리 웡. 임신 7개월차, 배가 잔뜩 부른 채로 애널 섹스와 HPV를 소재로 한 음담패설을 늘어놓는다. 여성이 더 많이 참여해야 한다는 '린 인(Lean in, 기회에 달려들기)' 대신 '라이 다운(Lie Down, 드러눕기)'을 하고 싶다며 능청을 떠는 그녀. 웡은 웃음기 하나 없이 공연을 펼치지만 보는 이는 한 시간 내내 낄낄댈 것이다.

• 주다 프리드랜더: 미국은 위대해 Judah Friedlander: America is the greatest country in the United States (2017)

스탠드업 코미디언과 세계여행! 세계 각지에서 코미디 셀러를 찾은 관객과 즉흥적으로 대화를 나누고, 각 나라에 대한 평을 한다. 프리드랜더가 대통령이 되면 펼치겠다고 한 기발하면서도 골 때리는 정책이 무엇인지 확인해볼 것.

• 나타샤 레제로 & 모셰 카셔: 오버 더 허니문 코미디 클리닉Natasha Leggero & Moshe Kasher: The Honeymoon Stand-up Special(2018)

미국에서 가장 웃긴 부부가 나섰다! 결혼 생활, 임신, 인생, 그리고 사랑에 대해 남편과 아내가 번갈아 가며 스탠드업을 한다. 즉석에서 불러 낸 커플에게 별 도움 안 되는 관계 카운셀링을 제공한다.

• 하산 미나즈의 금의환향Hasan Minhaj Homecoming King(2017)

이슬람계 인도인 이민 가정에서 자란 하산 미나즈의 인생 이야기가 펼쳐진다. 아름다운 영상과 일러스트, 무대 효과와 사진이 어우러진 스페셜. 눈과 귀가 즐겁다.

• 지금 웃기러 갑니다 시즌2The Stand Ups(2018)

지금 가장 뜨겁게 떠오르는 코미디언들의 조크를 맛보자! 그중에서도 레이첼 파인스타인과 애퍼르나 낸셀라Aparna Nancherla를 주목하자.

STANDUP NOW
NEW YORK